Hietzinger Geschichten

Dem Andenken meines Vaters Hans Martin und seines Freundes Universitäts-Professor Dr. Herbert Jansky, die sich beide in Hietzing beheimatet fühlten.

Für verständnisvolle Förderung seiner Arbeit dankt der Autor folgenden Personen und Institutionen: Herrn Hofrat Dr. Theo Stöhr, Wien-Baden; Herrn Universitäts-Professor Dr. Ferdinand Anders, Klosterneuburg; Herrn und Frau Hans Hopf, Stuttgart-Wien; Herrn Kustos Professor Harry Glöckner und dem Bezirksmuseum Hietzing; der Wiener Stadt- und Landesbibliothek sowie dem Wiener Stadt- und Landesarchiv; dem Seminar für kirchliche Berufe der Erzdiözese Wien, Schloß Ober-St.-Veit; dem Karmelitinnenkloster Wien 13., Faniteum; dem Bildarchiv der Österreichischen Nationalbibliothek; dem Österreichischen Filmarchiv und der Schloßhauptmannschaft Schönbrunn.

Für die Bilder danken wir:

dem Bildarchiv der Österr. Nationalbibliothek,
Herrn Matthias Cremer,
dem Autor,
dem Österr. Filmarchiv
und Frau Hedwig Zdrazil.

ISBN 3-224-16076-4 Jugend und Volk, Wien

Satz: Knab
Druck: Wiener Verlag, Himberg

Gunther Martin

Hietzinger Geschichten

J&V

INHALT

Verschwundenes Hietzing: die Villa Taussig auf dem Küniglberg . . .

Vorwort
»Das schönste Dorf Österreichs«

Dieser Ausspruch stammt vom unermüdlich reisenden Herrn Baedeker selber. So pries er Hietzing, und da er ein seriöser, gewissenhafter Mann war, der sehr wohl zu vergleichen, ja, zu klassifizieren verstand, dürfen wir getrost annehmen, daß er sich nicht von momentaner Begeisterung hinreißen ließ, sondern vorher genau überlegte, was er sagte, versiert in der Vergabe von Prädikaten, wie er nun einmal war. Wenn wir auch keine solche apodiktische Bewertung aufstellen wollen wie er, subjektiv darf, nein, soll man sie gelten lassen. In der Liebesbeziehung zu einem Ort ist, wie in anderen Liebesbeziehungen auch, einzig und allein das Subjektive entscheidend, und objektive Feststellung liefert nur die Bestätigung. War doch z. B. Nikolaus Lenau von einem verwandten Bereich, dem nahegelegenen Penzing, dermaßen entzückt, daß er ausrief, alle irdischen Herrlichkeiten könnten ihm diese elysäische Stätte nicht ersetzen. Und als Carl Zuckmayer auf sein Leben zurückblickte, bekannte er, für die ersten seiner Exiljahre habe er, wörtlich, das Paradies in Henndorf am Wallersee gefunden.

Oder um es mit einem Zitat aus der in Hietzing komponierten »Fledermaus« zu sagen: »Chacun à son gout«. Was mich betrifft, so glaube ich zuversichtlich, daß es nicht wenige Leute und Herrschaften gibt, die Baedekers Dictum voll und ganz bejahen: die Hietzinger eben, solche, die es von Haus aus sind, und jene, die es wurden und fürderhin zu bleiben gedenken. Für sie ist dieses Buch geschrieben. Und natürlich auch für »auswärtige« Freunde des Bezirkes, der ausgerechnet als der Dreizehnte rangiert. Hoteliers nehmen seit altersher Rücksicht auf abergläubische Gäste und numerieren ihre Fremdenzimmer in der Reihenfolge: 12, 12a, 14. Der Wiener Magistrat indes, dem Irrationalen und jeglicher Zahlenmagie abhold, hielt sich bei der Einteilung an unumstößliche Ordnungen, und seltsam: In diesem singulären Fall empfinden sogar Hietzinger, die vor jeder schwarzen Katze scheuen und niemals über ein Kanalgitter steigen, die ominöse Dreizehn keineswegs als störend, geschweige denn beängstigend.

Unbewußt bereitete ich mich auf diese »Hietzinger Geschichten« eigentlich schon seit meiner Kindheit vor, in der das Leben für mich zwei Schwerpunkte hatte: Hietzing und die Stadt Salzburg. Auch heute noch stehe ich mit dem einen Bein in Wien und mit dem anderen in Salzburg, die klassischen Reminiszenzen aus der Gymnasiastenzeit in der Fichtnergasse geben mir natürlich flugs den anmaßenden Vergleich mit weiland dem Koloß von Rhodos ein. In Hietzing freilich bin ich jetzt nur mehr als Besucher und Spaziergänger unterwegs, als Beobachter längst vertrauter Dinge und als Freund der sympathischen Hunde, die mir, ihre braven Herrerln oder Frauerln an der Leine führend, in frühen Morgenstunden auf den stillen Straßen begegnen. Doch halt, ich merke schon, nun werde ich wieder zu persönlich, ein altes Gebrechen meines Schützen-Naturells.
Nur soviel: nach wie vor fühle ich mich Hietzing zugehörig, und aus solch unverbrüchlicher Verbundenheit entstand der Wunsch, dieses Buch zu schreiben, gleichsam als ein Privatissimum für Gleichgestimmte und, ja, als eine Liebeserklärung an eine Stadtlandschaft und ihren Genius loci. Den muß man sich ja nicht unbedingt als maskulines Wesen vorstellen. Was das betrifft, denke ich ihn mir bisweilen nach Art jener Figur, die an der Fassade des leider verschwundenen alten Hauses Steckhovengasse 4 hoch oben in einer Nische stand. Da sah man ihn, den Genius loci, in Gestalt einer Pallas Athene, die sich, bis auf den Helm, offenbar schon für das Urteil des Paris zurechtgemacht hatte.
Der Band heißt Hietzinger Geschichten, aber was ich im folgenden erzähle, ist nicht frei erfunden, obgleich manches in der Schwebe zwischen Realität und Imaginärem bleibt, etwa wenn ich nachzuzeichnen versuche, wie sich das Leben und die Stimmungen Hietzings in literarischen Werken spiegeln. Die darin auftretenden Personen könnten in Hietzing heimisch gewesen sein, sie sind in diesem Ambiente durchaus glaubhaft, deswegen werden sie für voll genommen. Daß es sie nur in der Phantasie gab, ist purer Zufall. Wären denn die Marschallin, der Octavian Rofrano, die Jungfer Sophie, der Baron Ochs auf Lerchenau und der alte Faninal samt Anhang und Jiverey bloß darum aus unserem Bild des theresianischen Wien wegzudenken, weil sie vor Hofmannsthals Idee zum »Rosenkavalier« nie existierten?

In der Hauptsache aber sind die einzelnen Texte Fechsungen von Wünschelrutengängen abseits des heimatkundlich und bezirksgeschichtlich bereits Erfaßten, gefügt aus Trouvaillen, Lokalaugenschein, Nachforschungen und dem, was einem so einfällt beim Nachsinnen über merkwürdige Menschen, Geschehnisse und Szenerien in den Gegenden zwischen Schönbrunn, Ober-St.-Veit und der Hermesvilla. Meine fotografischen Begleiter, Hedwig Zdrazil und Matthias Cremer, beschränkten sich nicht darauf, die Themen zu illustrieren, sie ließen sich impressionistisch vom Reiz vieler Motive leiten, die zwar »am Rande« liegen, aber dem Gesamten die Raumtiefe und den Hintergrund geben, das architektonische Milieu zeigen und das Subtilste ausstrahlen: die Atmosphäre.
Eben den Zauber Hietzings.

G. M.

Zur Einstimmung: Alfred von Berger

Hietzing

(1910)

Wenn ich in Hamburg an die Heimat denke, so denke ich an Hietzing oder an das Salzkammergut. Nicht deshalb allein, weil ich in Hietzing Haus, Frau und Garten habe, sondern auch, weil für mich im Bild dieser beiden Orte das eigentlich Heimatliche der Heimat lauter und unvermischt enthalten ist, weil ich dann mitten in fremder Umgebung das charakteristische Aroma Österreichs rieche, die österreichische Stimmung in allen Nerven spüre.

Was ist das eigentlich, die Stimmung eines Ortes? Man wäre versucht, darauf die nämliche Antwort zu geben, mit welcher ein berühmter Kirchenvater die Zumutung ablehnte, einen metaphysischen Begriff – wenn ich nicht irre, den der Willensfreiheit – zu definieren: Si non rogas, intelligo – wenn du mich nicht fragst, verstehe ich's. Jedenfalls hängt die Stimmung eines Ortes sehr nahe mit seiner Individualität zusammen, nämlich mit jenen seiner Eigenschaften, die man nicht durch die genaueste und treueste Beschreibung, sondern nur durch die persönliche Bekanntschaft mit dem Ort empfinden lernt. Solche Qualitäten hat, wie jedes menschliche Individuum, auch jeder Ort, und so unfaßbar und imponderabel sie sein mögen, so sind sie doch für unser gemütliches Verhältnis zu dem Ort höchst gewichtig, ja oft entscheidend.

Worin besteht die eigentümliche Stimmung von Hietzing? Ich will die zarte Arbeit wagen, diese Stimmung, die ich so oft empfunden habe, die ich atme, während ich diese Zeilen in unserem sonnenstillen Garten schreibe, in ihre Bestandteile zu zerlegen. Daß jeder Teil, jede Vorstadt und jeder Vorort von Wien seine individuelle Physiognomie hat, die ein richtiger Wiener so wenig mit der andern verwechseln kann als ein musikalischer Mensch C mit Des, das hat Ferdinand Kürnberger aufs Geistreichste ausgeführt. Ein Wiener Ohr braucht nur aufmerksam und ruhig, wie man eine Stimmgabel anklingen klaßt, die angestamm-

Hoffmanns Haus Primavesi . . .
. . . und die typischen schönen Fenster von 1912.

Aus dem goldenen Zeitalter des Wohnhausbaus:
in der Trauttmansdorffgasse . . .   der Beckgasse . . .

. . . und der Hietzinger Hauptstraße.

ten Namen der Wiener Vorstädte und Vororte auszusprechen, um der mit ihren Namen verschmolzenen Stimmungen, wenigstens im allgemeinen, inne zu werden: Nußdorf – Grinzing – Sievering – Döbling – Dornbach. Bei jedem dieser Namen wird ein nur einigermaßen geschulter Selbstbeobachter die paar Sensationen und Urvorstellungen angeben können, die durch ihren Klang geweckt werden. In ihrem vorgefühlten Akkord ist die Stimmung des betreffenden Ortes angedeutet. Brauche ich diese Sensationen einzeln aufzuzählen? Genügt es nicht, zu sagen, daß die Stimmungen dieser Orte auf variierten Kombinationen der Sensation des Donaustromes – Nußdorf – mit ansteigenden Rebengeländen und den Silhouetten des Kahlenberges und des Leopoldsberges beruhen? Dazu der Duft jungen Weins, vermengt mit etwas Kuhstallgeruch und stattliche altwienerische Landhäuser. Bei Döbling kommt etwas Friedhofswehmut hinzu. Bei Dornbach beginnen die Weingelände zu schwinden, dafür quillt der Buchenwald grüner und dichter herein.

Wenn ich aber schließlich den Namen Hietzing ausspreche, so ist's wie der Übergang in eine neue Tonart. Kuhstallgeruch, Weinduft, Buchenwald, dies alles versinkt tief unter die Schwelle, die Heurigenmusik, die namentlich Grinzing und Sievering umfiedelt, verhallt. Man fühlt, daß man etwas Vornehmes, etwas Ruhiges und Exklusives ausspricht, wenn man sagt: Hietzing. Ich entsinne mich, daß es mir schon als Kind ganz anders war, wenn der Vater Sonntags früh sagte: »Heute fahren wir nach Hietzing«, als wenn es hieß: nach Sievering und auf den Hermannskogel.

Und dieses Gefühl verließ mich auch draußen nicht. Ordentlich ging ich neben dem Vater durch das Hofportal mit den adlerbekrönten Obelisken, dann durch die kühle Halle des Schlosses auf die sonnenhellen breiten Kieswege des großen Parterres. Da waren Blumen, Sand, Rasen und Bäume wie anderswo, aber alles war doch ganz anders, wie verzaubert. Etwas Feierliches und Repräsentatives lag auf allem, etwas Majestätisches und Prächtiges.

Wenn ich heute an einem blauen stillen Sommermorgen im Park von Schönbrunn spazierengehe, überkommt mich jenes Gefühl aus der Kindheit oft wieder. Freilich deute ich es nicht mehr in jenem halb märchenhaften Sinn wie damals. Ich nenne es die Stimmung des Ortes. Sie lebt aber nicht nur in Schönbrunn selbst, auch die ganze Umgebung empfängt einen Abglanz und Nachhall von der majestätischen Nachbarschaft. Ich möchte wissen, ob Hietzing diese Stimmung auch in der ferneren Zukunft bewahren wird, auch dann, wenn es in Wirklichkeit, was es heute dem Namen nach schon ist, ein Bezirk, ein richtiger Stadtteil geworden ist. Diese Zeit ist näher als man denkt. Doch ich glaube, daß Hietzing durch die fortschreitende Verstadtung seine Stimmung nicht einbüßen wird, wenigstens solange nicht, als man dem kaiserlichen Lustschloß seinen Charakter beläßt. Hat doch Schönbrunn seine Stimmung bewahrt, obwohl fast alles ringsherum anders geworden ist. So wird es hoffentlich auch bleiben, wenn niemand mehr daran denkt, daß Hietzing einmal eine Sommerfrische der Wiener und noch dazu eine der entlegeneren war.

Randbemerkung über einen Vergessenen:
Alfred von Berger, 1853 in Wien geboren, wie Anton Wildgans wahrhaftig »ein Kind der Stadt«, mehr noch: des innersten Bereichs der Inneren Stadt. Außerordentlich begabt und nach allgemeinen Begriffen erfolgreich. Essayist von Rang, Universitätsprofessor für Philosophie, Spiritus rector und Leiter des Hamburger Schauspielhauses. Dennoch ein Mann, der sich selbst versäumte. Immer wollte er Burgtheaterdirektor werden. Als er dieses Ziel 1910 endlich erreichte, galt für ihn das bittere Grillparzer-Wort »Zu spät.« Zwei Jahre nur dauerte seine Ära, und sie war glücklos, ja tragisch. Berger, schon bei Antritt des Postens schwer leidend, starb im Amt. Zusammen mit seiner Frau, der Burgschauspielerin Stella Hohenfels, bewohnte er eine der heute noch schönsten Villen in der Hietzinger Hauptstraße Nr. 31. Der Text ist seiner doppelbändigen Essaysammlung »Buch der Heimat« (1910) entnommen.

Zimmerreise durchs Exotische

Das tropische Arkadien des Malers Johann Bergl

Der Privatmann, so sagte mein Freund Dr. K. E., eine Koryphäe auf dem Gebiet victorianischer Kultur, der Privatmann der Romantik habe kein höheres Pläsier gekannt, als die große Welt in seine eigenen vier Wände zu holen. Noch ohne die Mithilfe des Fernsehens, das nach Programm und Belieben einmal Afrika-Safari und dann wieder Loire-Schlösser präsentieren kann, in raschem Wechsel Las Vegas, Antarktis oder Grödental. Nein, das erlesene Vergnügen bestehe gerade darin, irgendwo, am besten in einem möglichst abgelegenen Haus, inmitten einer großen Bibliothek und vertrauter Dinge, durch einen Griff ins Regal der illustrierten sogenannten Prachtausgaben und der Bildatlanten Fremdartiges und Vergangenes gegenwärtig zu machen. Für diese Stimmung fand der Dr. E. genüßlich die Formulierung »in dämonischer Behaglichkeit«. Dabei dachte er natürlich an seine eigene Lieblingslektüre, alles was in der englischen Literatur des 19. Jahrhunderts »gothick« ist, mit ck wohlgemerkt, das bedeutet: unheimlich, geheimnisvoll, aus dem Dunkel der Zeiten heraufbeschworen.
Allerdings gab es in jener Epoche und später – keineswegs nur in Victorias Empire! – den Typus des »drawing-room adventurer«, des Wohnzimmerabenteurers, der daheim, im bequemen Fauteuil, geistig auszog, um in fernen Zonen Gefahren zu bestehen und die absonderlichsten Geschehnisse zu erleben. Für ihn wurden die Utopien von Jules Verne und H. G. Wells geschrieben, die mysteriösen und phantastischen Romane Henry Rider Haggards, die maritime Prosa Joseph Conrads, die exotischen Romanzen Pierre Lotis und die märchenhaften Malayengeschichten Max Dauthendeys. Oder es wehte plötzlich der Wind der Sierra Madre durch die Stube, direkt aus den mexikanischen Erzählungen jenes geheimnisvollen Autors, der sich B. Traven nannte.

Das ist die »Zimmerreise«, eine Form seßhaften Umherschweifens über alle Grenzen hinweg, der inwendige Zauberteppich. »Die wahren Abenteuer sind im Kopf« sagt und singt der

in Hietzing aufgewachsene und heimische Poet André Heller. Sie können aber auch an den Wänden sein. Diesem Bedürfnis entsprachen im vorigen Jahrhundert die Erzeuger von Bildtapeten, die wie Bühnenprospekte den Raum weiten, mit Ausblikken auf Landschaften, orientalische Palaststädte, Hafenpanoramen oder indische Tempelszenerien, alles in kräftigen Farben und sehr exakt gemalt, phantasievoll und zugleich wirklichkeitsnah, lebte man doch im Zeitalter der Reisebeschreibungen, der Expeditionen Alexander von Humboldts und der geographischen Bestandsaufnahmen.
Dabei blieb freilich noch immer eine gewisse Distanz, der Eindruck des Ausschnitthaften, der Betrachter stand wie auf einem ein für allemal fixierten Aussichtspunkt. Wähend des 18. Jahrhunderts aber gab es Maler, die den Beschauer mitten in eine real-irreale Wunderwelt hineinstellten, er hat sie ganz nah vor sich, darf sich in ihr gründlich umsehen. Was diese Künstler schufen, wird illusionistische Malerei genannt.
Einer von ihnen war Johann Wenzel Bergl, aus dem nordböhmischen Königinhof an der Elbe, dem nämlichen Ort, wo die umstrittene »Königinhofer Handschrift« herstammt, die als mittelalterliches Literaturdenkmal der Tschechen galt, deren Echtheit die Gelehrten aber heftig anzweifelten. Als diese Polemik augetragen wurde, weilte der treffliche Bergl freilich schon längst in einem Himmel voller Paletten.
Selbst ein Kunsthistoriker, der seine Doktorarbeit über ihn schrieb, konnte nur wenig biographische Einzelheiten ermitteln. Jedenfalls kam der Nordböhme schon ziemlich früh nach Wien, soviel ist sicher. Und sein erster größerer Auftrag hier führte ihn nach Ober-St.-Veit, in das an die Pfarrkirche angebaute Schloß, einen alten Besitz des Wiener Erzbistums, mehrfach zerstört und wiedererrichtet, zuletzt 1742 als einfache Anlage von vier Trakten um einen Hof, mit einem Park westwärts. Zwanzig Jahre später erwarb Maria Theresia den Bau und ließ sechs Räume im Erdgeschoß des Nordtraktes von dem damals etwa vierzigjährigen Künstler als Gartensalons ausgestalten.
Auf den ersten Blick wirkt alles wie in Freskotechnik ausgeführt, aber für die Wandflächen verwendete Bergl dünne Leinwand, die über Holzroste gespannt, fugenlos an die Decke anschloß. Gerade wegen dieses Verfahrens gingen vor dem Zwei-

ten Weltkrieg zwei der Ausstattungen verloren: Die Textilteile wurden, wahrscheinlich von der Zeit schon arg mitgenommen, einfach entfernt und leider wohl kaum anderswo aufbewahrt, sonst wären sie gewiß irgendwann wieder zum Vorschein gekommen. Nur alte Fotos blieben erhalten, sie zeigen, daß Bergl in diesen beiden Zimmern die Natur von ihrer »grausamen« Seite darstellte, nämlich den Kampf wilder Tiere. Das muß sehr dramatisch anzusehen gewesen sein, zumal wenn man als lebendiges Tier nichts Gefährlicheres um sich hatte als ein Bologneserhündchen oder ein anderes Exemplar der liebenswürdigen zierlichen Rassen des 18. Jahrhunderts, die man auf zeitgenössischen höfischen Gruppenporträts sieht.
Dafür entfaltet sich in einer Suite von vier Räumen ein durchaus freundliches Phantasiereich tropischer Zonen, genug Terrain für eine Zimmerreise ins Exotische. Die Palmen und die Baumwipfel wachsen frei bis auf die Decke, und die ist ein blauer Himmel mit fliegenden Vögeln. Überall üppiges planzliches Wachstum und pittoresk in diese Vegetation verteilt, braune »Wilde«, die aber gar nicht wild wirken, sondern im Grund eher den Schäfern des Rokoko ähneln, nur halt sehr naturbelassen. Auf welchem der fernen Erdteile sie eigentlich heimisch sind, bleibt ungeklärt, man nannte solche Exoten damals gern »indianisch«, ohne damit richtige Indianer oder aber Inder zu meinen, vielmehr so ein ungefähres, weit hinter den Horizonten, aber in der Nähe des Äquators angesiedeltes Mixtum compositum der Stämme. Streng zu trennen von denen Chinesern natürlich, die schauten ja ganz anders aus, wandelten in seidenen Gewändern über filigrane Brücklein und gehörten, Ordnung muß sein, in die zur selben Zeit beliebten Chinoiserien. Die Gestalten, die uns Meister Bergl präsentiert, sind Leute mit Hautfarben in den diversen Schattierungen des Lebkuchens, mit bunten Federkronen auf den Köpfen. Im übrigen scheint ihre Hauptbeschäftigung in einem idyllischen Wohlergehen bestanden zu haben, einem tropischen Dolcefarniente. Solche Idealisierung entsprach dem holden Bild, das sich das Europa des 18. Jahrhunderts, fern den wirklichen Schauplätzen, vom Leben in Übersee machte.
Sie dürfen sich noch so unentdeckt gebärden, die glücklichen Wilden, so exotisch-allegorisch. Als rechte Kinder einer arkadi-

schen Natur. Einer von ihnen ist gerade auf der Jagd, zielt mit dem Pfeil auf die Vögel, die an der Decke dahinsegeln, das gehört zu den Effekten der illusionistischen Malerei, die alles räumlich erfaßt und zueinander in Beziehung bringt. Ein anderer führt einen Schimmel, ein richtiges Barockrössel mit kleinem hirschartigem Kopf und einer wie ein Staatskleid übergeworfenen kostbaren Schabracke. In der Runde ist denn auch eine ganze Menagerie beisammen: ein Kamel, auf dessen Höckern ein Äffchen reitet, ein Lama, ein wunderlich gepanzertes, indes sichtlich recht zahmes Nashorn, dazu gefangene Meerestiere, gar nicht zu reden von der Vielfalt der geflügelten Fauna.

So liegt dem Illusionismus des Malers, der sich freizügig fremder Vorlagen bedient, um danach ein neues Gesamtbild zu schaffen, auch eine gedankliche Illusion zugrunde – die Vorstellung von fernen Inseln der Seligen, eines Archipels der besten aller möglichen Welten, wie ihn Voltaires naiver Held Candide unverdrossen ansteuern möchte.

In diesen Räumen wird der Betrachter zum Entdecker und Seefahrer, der an neuen Küsten Umschau hält. Bald findet er sich auch in der Geographie von Bergls Utopia zurecht: es ist jedenfalls ein Land, das bis ans Meer reicht, mit weiten Buchten und hohen Gebirgsmassiven über Savannen. Und die Randzonen zumindest sind bereits entdeckt. Dafür liefert uns der Künstler ein paar Indizien, wenn er z. B. im ersten der Zimmer zwei Eingeborene damit beschäftigt zeigt, verschnürte Kisten bereitzustellen. Der Kolonialwarenhandel scheint also bereits anzulaufen. Im Hintergrund ist eine Mühle an einem Wasserfall auszunehmen, demnach haben die Exoten schon gelernt, Zweckbauten zu errichten und Naturkräfte zu nützen. Am Rand, skizzenhaft, kommen denn auch die Europäer ins Bild: Vor der Küste ankert ein Segelschiff, ein bestückter Kauffahrer, und das Beiboot ist soeben gelandet, um Männer in der Tracht des 17. Jahrhunderts abzusetzen.

Dies ist ein erzählerisches Moment der Wandmalereien, die in der Hauptsache nur den Zustand der Erscheinungsformen wiedergeben. Auf solche Weise wird, wie man heute zu sagen pflegt, der Bezug zur historischen Realität der Epoche der Entdeckungen und der Kolonisation hergestellt. Und wenn man einen weiteren »aktuellen« Gedankengang hineinlegen will: Meister Bergls Phantasieland ist eine Männerwelt, sie hat ihre Rangordnung, ihre Häuptlinge und deren Gefolge, einer gibt seine Würde durch einen Stab zu erkennen, den ein Sonnensymbol ziert, ein zweiter ist gerade in einer Sänfte unterwegs. Die Weiblichkeit des Stammes aber ist nur durch eine junge Mohrin vertreten und ein Mädchen, das sich, in viel bunten Stoff und ein Mieder aus Pfauenfedern gehüllt, dekorativ am Strand niedergelassen hat. Die junge Dame, mit einem Teint in der Farbe feiner Milchkaramellen, sieht fast so aus wie die allegorische Verkörperung eines fernen Erdteils nach barocker Auffassung, wozu der Vogel auf ihrer Hand, ein Falkenpapagei oder Papageienfalke, bestens paßt.

Das Ober-St.-Veiter Schloß kam später wieder in den Besitz der Erzdiözese Wien, war lange Zeit die Sommerresidenz der Erzbischöfe und ist nun als »Seminar für kirchliche Berufe« eingerichtet. Die Bergl-Zimmer dienen als Speise- und Aufenthaltsräume, man ist bemüht, sie zu schonen, dennoch wäre es wünschenswert, daß sich einmal auch die Denkmalpfleger bei den Insulanern und ihrem Bestiarium genauer umsähen.

Viel berühmter als diese »verborgenen Kostbarkeiten« sind die Interieurs, die der emsige Meister in Schloß Schönbrunn gestaltete. Da stand er schon in der Reife, war ein vielbeschäftigter Dekorationskünstler und Freskant, der in Niederösterreich zahlreiche Aufträge ausgeführt hatte. (Die Ausmalung des Pavillons im Melker Stiftspark etwa ist eine köstliche Variation seiner Ober-St.-Veiter Motive.) Die vier »Bergl-Zimmer« im Erdgeschoß des Schönbrunner Osttraktes gelten sogar als sein Hauptwerk, fremdenverkehrsgerecht aufgemacht, sind sie in fast allen Wien-Büchern abgebildet. Er zauberte ein Elysium aus Phantasieparks und Ideallandschaften auf die Wände, menschenleer, dafür mit virtuosem Einsatz perspektivischer Wirkungen. Seine illusionistische Inszenierung ist hier zur Vollendung gesteigert, denn sie hat nicht weniger vor, als die Trennung zwischen dem geschlossenen Raum und der realen Flora des Blumenparterres aufzuheben, ein Kunstgriff, der umso besser gelingt, da keine Treppen oder Sockel Distanz schaffen; die Gartenzimmer liegen auf derselben Ebene wie der Park, bilden also gleichsam ein freundliches fast transparentes Zwischenreich des Übergangs aus der Architektur ins Freie. Allein, auf das Tropenparadies seiner früheren Jahre scheint Johann Bergl recht stolz gewesen zu sein und ihm den Rang des Mustergültigen beigemessen zu haben. Als er einmal, wie ein reeller Handwerker, ein Angebot zu stellen hatte, versah er es mit dem Hinweis, er werde die geplante Arbeit gewissenhaft ausführen. Und zwar »nach der St. Veit art«.

Das tropische Arkadien eines theresianischen Malers: Die Bergl-Zimmer des Ober-St.-Veiter Schlosses

als Utopia der idealisierten „Wilden"

Der überirdische Glasschrank

Schönbrunner Phantasien des wunderlichen Beethoven-Trabanten Friedrich August Kanne

»Es ist Abend. Nun stehe ich auf dem Wienerberge. Des Mondes Diamant-Diadem tritt über die Erde und vergoldet ihr Haupthaar, die gestreiften Nachtwolken. Millionen Flämmchen entbrennen in dem großen weiten Meer der Stadt und schimmern herauf zu meinem hohen Stadtpunkt. Die vielen Linien, welche die Laternen bilden, und die große Stadt auf die mannigfaltigste Weise durchkreuzen, geben dem ganzen bei Nacht ein interessantes Aussehen. Wenn ganz Wien einmal sich wie ein Ringelspiel an seinem Pfahl, dem Stefansturm, drehte, es könnte dies den zauberartigen Glanz lustig vermehren.«
Ein surrealer Gedanke! Man muß sich das vorstellen: statt hölzerner Schimmel und Bräunln drehen sich die Basteien im Kreis. Der Turm der Augustinerkirche segelt am Josefstädter Glacis vorbei, das Kärntnertor weist gegen Währing und bewegt sich im Weitergleiten in die Richtung des Donaukanals. Das alte Wien auf der Rotationsscheibe einer skurrilen Phantasie. Kurios die Idee und kurios der Mann, der da an einem Abend des Jahres 1820 seinen entlegenen Aussichtspunkt auf freiem Feld verließ, um mit festen, ausholenden Schritten der Stadt zuzustreben. Ganz allein marschiert er dahin, den klobigen Schädel, auf dem schief ein ramponierter Haarfilzzylinder sitzt, gegen den Wind gestemmt. Manchmal leise vor sich hin summend, im Aufblicken halbe Sätze murmelnd. Wer ihm unterwegs begegnet, merkt gleich: der ist sich als Wandergefährte selbst genug und braucht keine Ansprach' von anderen.
Je näher der Einsame der Stadt kommt, desto rascher geht er. Von Müdigkeit keine Spur, er strafft sich, schwingt den Stock im Takt. Zum Schluß fällt er fast in Trab. Die Basteien liegen schon hinter ihm, er biegt in eine enge, spärlich beleuchtete Gasse ein und ist im Nu in einer Wirtshaustür verschwunden. Drin in der Gaststuben hockt er sich auf eine Bank, bestellt ein Seidel Wein, das er fast auf einen Zug hinunterstürzt – das geleerte Glas wird sofort nachgefüllt –, dann holt er aus der Schoßtasche

des abgewetzten langen Rockes Bleifeder und Papier und beginnt seine Betrachtungen über Wien als Ringelspiel niederzuschreiben.

Pfeifenrauch, Dunst und Lärm stören ihn nicht. Im Gegenteil: gerade dieses drastische Milieu regt ihn an. Es ist ein sonderbarer Patron, der uns da aus der Vergessenheit entgegentritt: der Dichter, Komponist und Musikkritiker Friedrich August Kanne. Ein verbummeltes Genie, wie man so sagt. In seinem Fall muß man die Betonung auf beide Worte legen. Darum lohnt vielleicht, wenn's recht und verstattet ist, die Suche nach den verwehten Spuren eines Lebens auf der Schicksalshutschen zwischen Bacchus und den Musen.

Anno 1809 kam der gebürtige Sachse nach Wien, einunddreißig Jahre alt. Unstet von Jugend auf. Ex-Studiosus, verkrachter Mediziner, nun Musiker mit ein paar Happen Gelehrsamkeit der evangelischen Theologie im harten Strubbelkopf. Eine Vagantennatur wie fast ein Saeculum zuvor Johann Christian Günther, der sich auch nicht ins Leipziger und Jenenser Steifleinen hatte pressen lassen. Der Zufall, oder was man halt so nennt, führte Kanne mit dem Fürsten Josef Lobkowitz zusammen. Dieser bot dem jungen Künstler eine entsprechende Position nebst Quartier im Wiener Palais unweit der Augustinerbastei. Also reiste Kanne hoffnungsvoll in die Kaiserstadt.

Hier betätigte er sich als Musiklehrer und begann eifrig zu komponieren: Lieder, Sonaten und Chorwerke entstanden in ungehemmtem Schaffensdrang. Ein Zeitgenosse sagte über Kannes Schöpfungen, »daß seine Musik im Mozartschen oder Haydnschen Style gehalten, von jedem unbefangenen Kenner als einfach, melodienreich und originell bezeichnet wird.« Besondere Erfolge errang der sächsische Wahlwiener mit seinen Opern, zu denen er meist auch selbst die Texte schrieb. An der klassischen Dichtung geschult, wählte er heroische Themen von dramatischem Höhenflug und edlem Gefühlsüberschwang. Wer weiß heute noch, daß Kannes »Orpheus«, im Kärntnertortheater aufgeführt, an musikalischer Bedeutung ganz ernsthaft mit dem »Fidelio« verglichen wurde?! Die Zeit, sie ist ein sonderbar Ding, sagt die Marschallin im »Rosenkavalier«, und eine der Sonderbarkeiten derselbigen Zeit besteht darin, daß sie immer wieder Bewertungen revidiert und kaum Berufungen gegen ihren späten Schiedsspruch duldet. Ein anderes Kanne-Werk »Miranda oder Das Schwert der Rache« eroberte sich die Bühne des Theaters an der Wien. Nach dem wildromantischen Titel zu schließen, verfehlte es sicherlich nicht seine aufwühlende Wirkung auf das hoch zu verehrende Publikum.

Eine von Kannes vielen Marotten: zum Komponieren litt es ihn nicht in der Stube. Er brauchte den freien Himmel, das Wachstum, die enge Berührung mit der Natur. Darum steckte er Notenblätter und Bleifedern in die Tasche und rannte dorthin, wo das Grüne am grünsten war. Auf Äußerlichkeiten gab er nichts, auch in puncto Wohnung stellte er gar keine Ansprüche. Als er später in der Leopoldstadt hauste, behalf er sich mit allerdürftigster Einrichtung: den Mittelpunkt bildete das Klavier, und das war nur geborgt. Aber das Merkwürdigste in der kahlen Klause: an den weißgetünchten – oder nach Wiener Sprachgebrauch »geweissingten« – Wänden hingen mehrere Reisigbuschen für die frei im Zimmer umherfliegenden Meisen. Ein franziskanisches Bohème-Idyll.

Im alltäglichen Umgang konnte der Sonderling sehr schroff sein. Als passionierter Raucher ging er fast nie ohne seine große Meerschaumpfeife aus, auch dann nicht, wenn er gerade irgendwo Visite machen wollte. Musterte aber eine pedantische Hausfrau kritisch oder gar mißbilligend den heftig qualmenden Besucher, dann schnaubte er gereizt: »Auch gut, komme ich eben ein anderesmal!« drehte sich brüsk um und stampfte davon. Aus Höflichkeit die geliebte Pfeife am Ende gar auszuklopfen, wäre ihm nie eingefallen.

Doch im Freundeskreis taute er auf, bei klugen Gesprächen und beim Wein war er in seinem Element. Nicht umsonst hieß er Kanne. Trinkfest versoff er, was er verdiente, und er war alles andere als ein Krösus. An den Dauerzustand der Finanzmisere hatte sich der vorzeitig alternde Mann längst gewöhnt. So erlebte er ein ganz ähnliches Schicksal wie wenige Jahrzehnte später der ihm im Wesen sehr eng verwandte Ferdinand Sauter, nämlich, daß ein ungewöhnliches Talent versumpft und verludert. Um Gott Bacchus und den Musen gleicherweise zu huldigen, schrieb Kanne ungefähr nach dem Vorbild von Schillers »Glocke« ein langes Poem, »Der Wein«. Heute freilich wirken die meisten dieser Verse als Klingklang-Reimerei. Aber die zwei

Strophen, in denen der werte Verfasser im Stil seiner Zeit bildhaft das herbstliche Reifen der Trauben besingt, mögen sich zum pastoralen Zitat eignen:

»Im Sonnenschein/Da ziehen fein
Und lang die Fäden, weiß wie Seide;
Sie trauern, daß der Sommer scheide.
Das seidne Kleid der Fluren zeigt,
Daß schöne Zeit zu End' sich neigt!
Das ist der Tag! Die Lese mag
Nun also heute froh beginnen!
Der Wein soll aus der Presse rinnen!
Der Himmel sagt's durch Zeichen an,
Daß nun der Landmann sich bereite,
Der Sämann furche seine Bahn,
Daß mit der Sens' er vorwärts schreite!
Zur rechten Zeit sei es getan!«

Am liebsten besuchte Kanne das Wirtshaus »Zum goldenen Pfau« in der Kärntnerstraße. Dort war der Wein billig, und nach der Vorstellung kamen die Sänger des Kärntnertortheaters in das Lokal. Versteht sich, daß die animierte Runde nie vor der Sperrstunde aufbrach. Einmal, als es besonders spät wurde, bot einer der Zecher dem schon nicht mehr ganz standfesten Kanne für die paar Stunden nächtlichen Dunkels ein Quartier in der Nähe an. Der aber starrte nur gedankenverloren ins Stockfinstere und erwiderte schließlich voll Pathos und mit der tiefsinnigen Logik des Suffs: »Ich danke dir, teurer Bruder. Doch ich muß heute noch zu Hause sein und sollte es auch bis morgen dauern!«

Magisch zog es ihn immer wieder in die renommierte Weinstube Selig am Neuen Markt. Denn dieses urgemütliche G'wölb, wo es einen sagenhaften Tokajer gab – oder jedenfalls ein Gewächs, das der Wirt als solchen anpreisen konnte –, war das Stammlokal Beethovens. Und Kanne, durch und durch Künstlermensch und Idealist, wirkte ebenso begeistert wie unermüdlich als Wegbereiter des Meisters.

Jahrelang schrieb er Musikkritiken, vor allem für Bäuerles »Theaterzeitung« und für die »Wiener Zeitschrift für Kunst und Literatur.« Darin liegt überhaupt sein wesentlichstes Verdienst: Dieser Friedrich August Kanne wurde zu einem der Begründer

der eigentlichen Wiener Musikkritik. Alle Vorzüge seiner Persönlichkeit, wie vielseitige Bildung, Objektivität, Kennerschaft, Urteilsgabe und Einfühlungsvermögen, befähigten ihn dazu.
So leichtsinnig er in seiner privaten Lebenshaltung auch war – in seinen Bewertungen musikalischen Schaffens zeichnete er sich durch beispielhafte Gediegenheit aus. Er führte eine streitbare Feder, wenn es galt, gegen Unverständnis anzukämpfen. Nach der Uraufführung von Beethovens IX. Symphonie anno 1824 erklärte er in seiner Rezension prophetisch, dieses Werk sei »eine der größten Erscheinungen des Jahrhunderts«. Viel später faßte der Schubertianer Johann Nepomuk Vogl die, wenn man's genau nimmt, unbeglichene Dankesschuld der Nachwelt in folgende Worte: »In Kanne ehrt die Kunstgeschichte einen jener mutigen Herolde, welche dem Erscheinen des großen Tonheros kühn vorangingen, zu einer Zeit, als noch nicht das Volk die Blumen unbedingter Anerkennung auf seine Wege streute.«

Im Jahr 1820 erscheint Kannes launigstes poetisches Werk, betitelt »Humoristisches Panorama von Wien oder Der frohe Zuschauer an der Donau«. Aus originellen Perspektiven beäugt er geruhsam die Stadt. Am liebsten schlüge er sein Domizil in der Türmerstube von St. Stephan auf, um einen möglichst hoch entrückten Blickpunkt für die Veduten zu gewinnen. Im Flug umkreist er Wien, visiert die Stadt von allen Seiten an. Draußen vor der Linie stiefelt er bei einer riesigen Sandgrube herum, aber er sieht darin mehr, viel mehr als die Leute, die ihm begegnen. Sein Blick durchdringt die Schichten des Gewohnten. Dieser Wünschelrutengänger aus dem Biedermeier macht abenteuerliche Entdeckungen und skizziert mit Worten ein Bild, das fast wie eine Ideen-Notiz aus der Wiener Schule des phantastischen Realismus anmutet.
Unwillkürlich denkt man etwa an Anton Lehmden, wenn man liest:

»In dieser weiten Tiefe erblickt der Wanderer alle interessanten Erfindungen der Gartenkunst, und zwar zu größerer Abwechslung nicht in lebendigem, schönem Grün, sondern vielmehr in der lebendigen Mischung verschiedener Sandarten, deren Farbenspiel, ohnerachtet des allgemeinen gelbbraunen Tones, wegen der vielen juwelenartig darin blitzenden Kiesel und Feuersteine, der vielen zerbrochenen Porzellanscherben und smaragdähnlich schimmernden Töpfe und Glassplitter, sehr anziehend ist. Hier finden sich Bergstürze, Wasserfälle, chinesische Brücken, Wolfsgruben und unzählige andere Formen, welche alle durch die unschuldige Beschäftigung der Sandwerfer wie durch Zufall entstanden. Die Abwechslung der künstlichen Berge und Täler ist hier ins Weite getrieben.«

Doch dann schwingt er sich wieder auf, zu seiner halb imaginären und halb realen Vogelschau:

»Ich flog hinan zu dem in höchster Glorie der Sonnenstrahlen glänzenden – Gloriet (Gloriette). Ein durchsichtiger Säulenpalast, der mehr einem überirdischen Glasschranke gleicht, in welchem das Protokoll über die Sonntage geführt und aufbewahrt wird. Gleich den aus einer Sonne gehenden Strahlen ziehen sich herab in den weiten Schloßgarten schöne, durch den Wald geschlagene Alleen, in denen die Hasen und Menschen spazierengehen können, wenn es ihnen im Dickicht nicht etwa lieber ist. Gegen Süden hinaus hat man den freien Blick über eine unermeßliche Ebene, über welche man ohne Bedenken den Finger ausstrecken und nach der Steiermark, ja sogar nach Italien und, was noch mehr Staunen erregen wird, nach dem mittelländischen Meere hinzeigen kann. Wer den Mut hat, versuche es und überzeuge sich von der Wahrheit meiner kühnen Behauptung ...

Der Blick gen Westen hat viel Anziehendes, indem man zugleich im Hintergrunde ein weites Tal und tief unter sich das mit Stadthäusern erbaute Dorf Hietzing liegen sieht. Tief unter plätschernden Wasserfällen und Springbrunnen, deren vom Winde sanft gebogener Strahl sich oft an die Baumwipfel lehnt, liegt in grünen, von Marmorstatuen staffierten Gebüschen und künstlichen Blättergewölben das alles überschauende kaiserliche Lustschloß Schönbrunn. Wer den Namen nicht ganz versteht, trinke nur unter einem geschmackvollen Marmorbogen aus der ganz geschmacklosen und darum so herrlichen und wohlschmeckenden Wasserquelle – die Erklärung desselben! Ein bewaffneter gutmütiger Berggeist reicht ihm sogar den kristallenen Becher dazu, nämlich ein als Wächter bestellter Invalide ...

Der unbekannte, in unseren Wäldern nie gehörte Schrei in der Nähe weilender Tiere sagt dem Wanderer, daß nicht allein die Pflanzen und Bäume aller Weltteile hier grünen und blühen,

sondern daß auch viele Tiere von Amerikas, Asiens und Afrikas Boden hierher verpflanzt wurden ...
Das schöne kaiserliche Lustschloß Schönbrunn mit seinem schattenreichen Garten und dem nahen Hietzing ist im Grunde genommen mehr das Sanssouci der Untertanen als des Monarchen. Denn dahinaus strömen die Wiener tausendweis, um sich zu erfreuen und all ihre Sorgen in den Mauern zurückzulassen, indes reitende Eilboten die Sorgen des Staats dem Monarchen hierher tausendweis immer ab- und zutragen. Vor dieser Linie hat die Stadt Wien die charakteristische Physiognomie einer Residenzstadt in weit stärkerem Grade als vor den anderen Linien. Denn die unendliche Menge von prachtvollen Staatswagen, welche hier herausrollen, bringt den Beschauer auf den Gedanken, als ob der Olymp da draußen sein Haupt in die Wolken streckte und die Götter ein Fest auf demselben feiern wollten. So fliegt alles mit schnaubenden Rossen daher, die den Wagen wieder auf Wolken zu tragen scheinen – nämlich Staubwolken.«
Hietzing selbst entrollte sich für Kanne als ein märchenhafter Bildteppich voll köstlicher bunter Motive, das Disneyland eines Biedermeierherrn, just das, was man damals elysäische Gefilde zu nennen beliebte: »Ich fliege über alle Reize Griechenlands, allen Geschmack Frankreichs, alle Galanterie Italiens, alle Üppigkeit Polens, allen Reichtum Rußlands, alle Gerüche und Stoffe Indiens und alle Schönheit Deutschlands, welche alle die Hietzinger Welt zur Schau stellt.«
Also verwandelt der furios-kuriose Luftschiffer das Topografische in eine Phantasmagorie. Er bleibt der Einzelgänger in Reinkultur, der wahre Solitär, facettenreich, doch auch scharfkantig. Herzensgut, unberechenbar und cholerisch. Mit seinem zerklüfteten Charaker paßt er in keinen vorgegebenen Rahmen. Lieber arm, aber unabhängig, das ist seine Devise, bis zuletzt. Ein russischer Hocharistokrat sucht während seines Wiener Aufenthalts einen Musiklehrer. Kanne kommt dreimal zur Lektion – dann ward er nicht mehr gesehen. Ehe er sich für bestimmte Stunden bindet, verzichtet er stolz auf das beträchtliche Honorar. Eines Tages begegnet er dem stets hilfsbereiten Dichter Ignaz Castelli. Kannes mürrisches Gesicht und seine desolate Kleidung verraten nur zu deutlich, wie es um ihn steht.

Doch Castelli, der passionierte Wohltäter, hat eine freudige Nachricht für ihn: »Gut, daß ich dich treffe! Ich weiß eine Stellung für dich. Du kannst Kapellmeister am Landständischen Theater in Graz werden, bei einem Jahresgehalt von 1200 Gulden! Du brauchst nur Ja zu sagen und die Sache ist abgemacht.«

Kanne stemmt das Kinn auf die fransige Halsbinde, elegisch erwidert er: »Ach, das wäre ja ganz schön – aber du kennst mich. Ich tauge nicht in die Zwangsjacke. Wenn du mir schon einen Gefallen tun willst, dann borge mir ein paar Gulden. Sonst muß ich morgen ausziehen, weil ich die Miete nicht bezahlen kann.«

Nach Beethovens Tod verliert er den letzten seelischen Halt. Er wird immer mehr zum desparaten Lumpazivagabundus. Ein Rappelkopf war er ja seit jeher. Der getreue Johann Nepomuk Vogl gehört zu den wenigen, die er noch in seiner Nähe duldet:

»In mancher Nacht warf die an der Decke der Schenkstube hängende, im Ersterben begriffene Lampe die letzten Schimmer ihres Dochtes auf das bleiche Antlitz des letzten Gastes, unseres Kanne, der, in einen Sessel zurückgelehnt, die Welt und Menschen verachtenden Gedanken seiner umdüsterten Seele mit den Dampfwolken aus seiner Meerschaumpfeife in die Lüfte verstreute. Es war, als ob beide, die erlöschende Lampe und Kanne, daran Wohlgefallen hätten, gegenseitig ihre letzten Lebensphasen mit der Ironie der Resignation und Gleichmut zu beobachten.«

Im eisigen Dezember des Jahres 1833 erkrankt der alte Sonderling. Der Arzt kann nur mehr rapiden, unaufhaltsamen Kräfteverfall feststellen. Ein verwüsteter Körper, ein zermürbter Geist vor dem Exitus. Doch Kanne verschafft sich noch einen grotesk-gespenstischen Abgang. Sang- und klanglos in die Grube zu fahren, das ist nichts für ihn. Eines Abends schleppt sich der Sterbenskranke durch Frost und Finsternis ins nächste Wirtshaus. Dort trinkt er einen halben Liter Wein und wankt wieder heimzu.

Unterwegs begegnet er einem Choristen des Leopoldstädter Theaters, einem alten Zechkumpanen, schlurft aber ohne Gruß stumm vorbei. Der Chorist glaubt, ein Phantom zu sehen, weiß er doch, daß Kanne bereits aufgegeben oder gar schon tot ist.

Entsetzt eilt der Mann ins Stammlokal der Freunde und berichtet über sein unheimliches Erlebnis. Als der Arzt kurz darauf die elende Behausung in der Großen Pfarrgasse betritt, findet er den Patienten leblos im Bett.
Kanne hatte den Becher seines Schicksals wahrhaftig bis zur Neige geleert. Oder hat er seinen jämmerlichen Corpus für die paar Sargbretter nur zurückgelassen wie ein zerrissenes Ränzel, das zu nichts mehr taugt, und ist frank und frei entwichen, zur Gloriette, diesem überirdischen Glasschrank, in dem die Sonntage gesammelt werden wie die kleinen Kostbarkeiten und Angebinde in einer Biedermeiervitrine und wo man Italien, ja sogar das Mittelländische Meer, berühren kann, wenn man den Zeigefinger südwärts ausstreckt ...?

Friedrich August Kanne: Schönbrunner Phantasien eines verschollenen Sonderlings.

Maxing – ein Ort, der keiner ist

Vermessung eines fast imaginären Terrains

Die Bundesbahn hat Maxing jedenfalls als eine topografische Realität anerkannt und somit in den Rang der »Aktenkundigkeit« erhoben. Ein Stellwerk an der Verbindungsstrecke führt offiziell diese Ortsbezeichnung, intern wird es sogar »Bahnhof Maxing« genannt. Freilich könnte diese technische Schaltstelle ebensogut »Fasangarten« heißen, denn sie hält zu Maxing etwa die gleiche Distanz wie zu der großen Fasangartenkaserne, die schon vor Jahren in Maria-Theresien-Kaserne umbenannt wurde. Während der Besatzungszeit, also bis 1955, figurierte sie als »Schoenbrunn Barracks«, und auf dem weiten Paradeplatz veranstalteten die Briten wunderschöne Zapfenstreiche mit allen fotogenen Attributen ihrer Militärtradition.

So oder so, lauter auf die lokalen Verhältnisse bezogene Namen. Aber was ist eigentlich Maxing und wo liegt es auf dem Stadtplan – exakt abgezirkelt? Sicherlich nicht dort, wo der Etappenpunkt an der Bahntrasse als Markierung dient. Maxing, das ist eher eine Zone als ein Ort, das Relikt eines Traumes, das Terrain kühner Absichten. Maxing trägt nicht zu der Volkszählung bei, da es keine Einwohner aufweist, wahrscheinlich ist ihm auch die Eigenständigkeit nach dem Schema des Grundkatasters versagt geblieben.

Maxing ist nichts als ein zauberhaftes Rudiment, vorhanden nur als ein Stück freier Landschaft: der Maxingpark mit seinem steilen Gefälle, seinen Baumgruppen und dem kleinen Weiher, der an den Garten des Herrn v. Sala in Schnitzlers Drama »Der einsame Weg« erinnert, wenn die Wipfel in herbstlicher Verfärbung stehen. Natur, die von den Schönbrunner Waldpartien nur durch die Parkmauer getrennt ist und dennoch ihr Eigenleben führt, ein wahrhaftiges Hietzinger Transsylvania, Morgenauslauf für freundliche Hunde ungeahnt origineller Rassenmischungen.

Die Wahl des Namens, der uns das Stichwort für solche Betrachtungen liefert, verrät zuförderst Gefühle für das historisch Gewachsene, das Siedlungsgeschichtliche. Kaiser Franz

Josephs jüngerer Bruder Erzherzog Ferdinand Maximilian hat ihn erfunden, sobald er 1850, gerade achtzehn Jahre alt, dieses Gelände als seinen persönlichen Garten erhielt. Andere hohe Herren jener Zeiten pflegten in solchen Fällen ihren eigenen Namen in poetische Verbindungen zu bringen, die ein Bild idyllischer feudaler Privatsphäre heraufbeschwören: »Karlslust« etwa, oder »Friedrichsruh«. Der junge Habsburger indes dachte da bodenständiger. Wie ein Gärtner, der die Arten kreuzt, um ein neues schönes Exemplar zu züchten, nahm er von Hietzing die uralte, bajuwarische zweite Silbe und setzte ihr die Kurzform des Taufnamens voran, mit dem man ihn in der Familie rief. Bewußt schlägt die verbale Neuschöpfung somit ein Seitenthema an, gibt ihre Ursprünge deutlich zu erkennen: Maxing gehört zu Hietzing wie die Zweite zu der Ersten Geige.

Ferdinand Maximilian ist der Phantasievollere, Begabtere der beiden genannten Brüder, schon früh braucht er seinen individuellen Entfaltungsraum. Später wird er an der Adria die dem Kaiser völlig wesensfremde Marine kommandieren, und noch später wird er den Entschluß fassen, dem trügerischen Ruf zu folgen und die mexikanische Kaiserkrone anzunehmen, die in Wahrheit nicht das Symbol politischer Macht, sondern das glanzvolle Zeichen einer tödlichen romantischen Illusion ist. Noch in der Gefangenschaft seiner Gegner glaubt Maximilian längere Zeit fest daran, daß man ihn nach formeller Abdankung ausreisen lassen wird. Dann will er sich auf der dalmatinischen Insel Lacroma niederlassen und dort ein Schloß erbauen, wie sein Miramar auf der Klippe der Meeresküste bei Triest.

So betrachtet ist Maxing das Zeugnis erster Selbstbehauptung. Auf der Anhöhe erbaut sich der junge Erzherzog ein Holzhaus im damals gerade modern werdenden »Schweizer Style«, bestehend aus einem Haupttrakt mit umlaufendem Balkon im Obergeschoß und einem Nebentrakt, der eine Plattform trägt, ein »Bellevue« nach den Begriffen des Biedermeier, für den Ausblick über die Hietzinger Senke bis zu den Hügelzügen des Lainzer Tiergartens und südwärts bis zum Anninger. Ein Tusculum, ein Buen Retiro. Aber Ferdinand Maximilian hat viel weiterreichende Pläne, Ambitionen, die seine Mittel beträchtlich übersteigen, indes schon das Projekt an sich fasziniert den Träumer: In der Nähe der kleinen hölzernen Villa Suburbana will er ein »Neu-Maxing« errichten, auf einem Areal, das tief in das heutige Gelände des Hietzinger Friedhofs reicht, der damals noch die bescheidene Begräbnisstätte eines Vorortes war. Der Ethnologe und Kulturhistoriker Ferdinand Anders, immer wieder in Mexiko unterwegs und mit hochinteressanten Forschungen zur Biografie Ferdinand Maximilians beschäftigt, widmete seinen Gelehrtenfleiß auch der Hebung von Dokumenten über die ausgeführten und neu projektierten Bauschöpfungen des Erzherzogs und späteren glücklosen Herrschers. So eröffnen Anders' Funde auch den überraschenden Ausblick auf eine imaginäre Hietzinger Szenerie.

Demnach hat der junge Habsburger die Absicht, sich hier, in der unmittelbaren Nähe Schönbrunns, eine eigene Residenz zu schaffen. Die Entwürfe dafür machen einen allmählichen Wachstumsprozeß durch, im Zuge der Planungen wird alles immer größer und weitläufiger, weil der präsumtive Bauherr, von der Anlage der Innenräume ausgehend, für die Interieurs ein Programm entwickelt, das nicht nur das eigene Domizil und die Personalquartiere berücksichtigt, sondern auch die Aufstellung von Sammlungen und die Repräsentation. Jeder der Säle sollte durch seine Ausstattung einen bestimmten Grundgedanken zum Ausdruck bringen, einer a priori unter der Devise »Austria« stehen, ein anderer war als Habsburgerhalle vorgesehen; damit nahm Ferdinand Max eine Idee wieder auf, die sein Großvater Kaiser Franz I. in der Laxenburger Franzensburg konsequent verwirklicht hatte: ein Schloß als patriotisch-dynastisches Monument.

Gewächshäuser und Fontänen sollten den Übergang zu den umgebenden Gartenpartien herstellen, für die Gestaltung der Natur suchte sich der Erzherzog seine Vorbilder in den seit dem Klassizismus berühmten Parklandschaften von Schwetzingen im Badischen und Wörlitz in Anhalt.

Aber »Neu-Maxing« bleibt Chimäre, Niederschlag kühner Phantasien in archivreifen Grund- und Aufrissen. Schon mit zweiundzwanzig Jahren erhält Ferdinand Maxmilian die Funktion des Marineoberkommandanten, die seinen Wünschen und Fähigkeiten entspricht. Allerdings ist das niemals errichtete Hietzinger Schloß sein architektonisches Schlüsselerlebnis, Anregungen von damals wirken auf die Entscheidungen beim Bau von Miramar ein. Umso eher fühlt sich der Erzherzog in Triest ganz in seinem eigenen Reich, frei von irritierenden Einflüssen, fern von Wien und dem ihm entfremdeten Kaiserhof seines Bruders, wohin er kaum je zurückkehrt. Sein Maxing, so wie es tatsächlich existiert, ein Park mit einem Gartenhaus, gehört seiner frühen Jugend an, der Schönbrunner Zeit. Und die ist eben vorbei. Im Herbst 1859, kurz nach Österreichs schicksalhaftem Italienfeldzug, entschließt sich Ferdinand Maximilian, den Besitz der Gemeinde Hietzing zu schenken.

Seither gibt es den Maxing-Park. Und die Maxingstraße kam dann sinngemäß zu dem Zeitpunkt dazu, als Hietzing nach Wien eingemeindet wurde. Bis dahin hatte sie nämlich Hetzendorfer Straße geheißen, womit, der Orientierung förderlich, ihr Nahziel angegeben war. In einem Buch Adam Müller-Guttenbrunns, der einst als Romancier der Banater Schwaben sehr geschätzt wurde, findet sich eine Impression von einem Ausflug ins Hietzingerische, sie stammt aus dem Jahr 1911, trifft aber mit kleinen Abstrichen noch immer auf die Situation zu. Da heißt es: »Die Maxingstraße hat linker Hand noch völlig ihren alten Charakter bewahrt. An die niedrigen Häuser schließt die Schönbrunner Mauer an. Die Zeile zur Rechten ist in starker Gärung begriffen. Zwischen den biederen Althietzinger Landhäusern recken sich jetzt junge dreistöckige Frechlinge empor und schauen mit zwanzig Augen nach dem Park. Ausgezackt und voller Lücken ist die Maxingstraße wie ein mangelhaftes Gebiß. Die braven alten Häuser genießen noch das Recht ihrer Vorgärtchen und die ganze Straße hinauf blähen sich die biedermeierlichen Buxkugeln vor den Fenstern. Die neuen Häuser aber haben eine neue Baulinie, sie müssen zurück ins zweite Glied. Von manchen vornehmen Balkonen fließt jetzt das rote herbstliche Weinlaub nieder und die Augen des Hauses sind fest geschlossen. Andere Häuser sind ganzjährig bewohnt und auf ihren Altanen blüht die Pelargonie in allen Farben. Das fallende Laub raschelt unter unseren Füßen, während wir an der Schönbrunner Parkmauer entlang wandern. Plötzlich bleibt die Mauer hinter uns zurück, der anschließende Maxingpark gewährt freien Einblick.«

Das »maximilianische« Holzhaus überdauerte bis in die Mitte der fünfziger Jahre unserer Zeit. Wirklich komfortabel oder gar

ein »Schlössel«, wie jetzt auf dem Zugangsschild vom Schönbrunner Maxingtürl her angegeben, ist es gewiß nie gewesen, sein erster Besitzer hatte sich ja kaum länger als jeweils einige Stunden darin aufgehalten. Auch wurde der Seitentrakt mit der Aussichtsplattform wohl schon viel früher abgetragen, denn das Bild, das die persönliche Erinnerung aufbewahrt, zeigt einen Bau, kaum größer oder ausgefallener als andere dunkelbraune Schweizerhäuser. Grundfeuchtigkeit hatte die Balken und Bohlen morsch gemacht, der behördliche Lokalaugenschein muß eine triste Angelegenheit gewesen sein, wie eigentlich immer, wenn sich aus einem Haus sein besonderes Fluidum verflüchtigt hat und nur mehr die Materie, der technisch konstatierbare Verfall übriggeblieben ist. Heute steht an seiner Stelle eine Art Jagdhütte, wie man sie in die Gebirgsreviere baut, damit die Waidmänner bei Unwettern darin Einstand nehmen können. Nur : in Maxing geht niemand auf die Pirsch.
Maxing – das ist ein Stück Naturpoesie mit den Qualitäten für Fitness-Training auf steil ansteigendem Weg, und jenseits der heute sichtbaren Erscheinungen der historische Freiraum für die Utopien eines ungestümen jungen Prinzen, einer habsburgischen Cherubino-Gestalt. Auf imaginärem Terrain steht irgendwo da oben hinter den Baumgruppen sein Schloß, mit Ehrenhallen, Türmen und Fontänen.
Jeder Gefahr entzogen, denn was nur in der Phantasie besteht, ist für immer unzerstörbar.

Erzherzog Ferdinand Maximilians Buen Retiro in seinem Maxingpark.

Der Rest ist Marmor

Der Hietzinger und der Ober-St.-Veiter Friedhof als Szenerien einer versunkenen Gefühlswelt

Den Feldmarschall Laudon bestattete das Vaterland in einem Steinsarkophag mitten in der Natur, am Waldrand draußen in Hadersdorf. Über dem Grab des glückseligen Fürsten Carl Joseph Lamoral de Ligne, der die Herrscherhöfe Europas ebenso wie die Herrschaften und die Leut' in Wien bezaubert und in den Tagen des Wiener Kongresses das Zeitliche gesegnet hatte, erhebt sich ein einfacher klassizistischer Stein aus grauem Marmor auf dem Josefsdorfer Friedhof, dem kleinen anakreontischen Gräberhain im Schatten des Kahlenberges.
Genauso schlicht oder noch schlichter waren die Grabmäler, die man Adeligen und angesehenen Bürgern in den ersten Dezennien des 19. Jahrhunderts setzte: gelblicher, verwitternder Sandstein, kaum mannshoch, mit der Tafel für die Inschrift und einem frommen Spruch. Manchmal figuraler Schmuck, sparsamer Zierat – ein Blütenkranz, ein Schmetterling als Sinnbild der Vergänglichkeit, ein kleiner geflügelter Genius über eine Urne gebeugt, eine zu Boden gesenkte Fackel – Ausdruck ehrlicher Empfindung, biedermeierlich-sanfter Griechensehnsucht, stiller Totenklage.
Machtvoll aber, wie ein Trauermarsch mit Tubaklang und Beckenschlag, wirkt dagegen das Schaugepränge in einer »Nekropole« der Ringstraßenzeit wie dem Hietzinger Friedhof. Das ist der hallende Ruf an die Nachwelt, das Rauschen der Fittiche des Todesengels, die große Gebärde der Beweinung. Wer die Psyche des 19. Jahrhunderts ergründen will, der gehe zu den überkuppelten Mausoleen, den monumentalen Grüften und lese die pathetische Botschaft des Zeitgeistes aus Titeln, Allegorien und Faltenwurf heraus.
Damals waren nicht nur die Totengräber am Werk und die Steinmetze, die Kreuze, Namen und Jahreszahlen eingravierten. Zwischen den Grabreihen gab es immer wieder Baustellen und Gerüste. Maurer und Dachdecker errichteten Bauwerke, in die nur das Schweigen, die Starre, die Düsternis einziehen soll-

ten. Die Friedhofswege wurden zu Straßen mit Totenpalästen und Denkmalen. Das Mausoleum des Verstorbenen erscheint als ein Gegenstück zu der Villa des Lebenden, der Gräberhain wird zur Übersetzung des Nobelviertels in die Sphäre des Pompe funèbre.

Das Bild ist dekorativ und hintergründig zugleich: ragende Steine und Giebel, Wachstum der Natur und unruhiges Linienspiel hell schimmernder und bronzedunkler Plastiken, die wie von einem fernen schwarzsilbernen Feuer angeleuchtet scheinen, wenn Herbstregen sie überströmt.

Verhältnismäßig wenige solche Aufträge für Bildhauer und Architekten kamen von Adelsgeschlechtern. Der Aristokrat aus altem Geblüt ruht unter seinem Wappenschild, das genügt. Hingegen das Großbürgertum, die Hochfinanz, die Männer am Steuer der Zeit, die Stützen des Staates und der Gesellschaft, sie wollten eine ihrem Prestige bei Lebzeiten angepaßte Begräbnisstätte. Viele von ihnen stammten aus der Anonymität einfacher Familien und hatten renommierte »Häuser« begründet, die Gegenwart gewonnen, die Zukunft gesichert. Während fast alle Habsburger in Kaiser Josefs einfachen Kupfersärgen beigesetzt wurden, schufen sich die stolzen Untertanen eindrucksvolle Monumente.

Der nächstliegende plastische Grabmalschmuck, auf alten Traditionen begründet, ist das Porträt des Verstorbenen. Als Relief oder als Büste blickt es aus Umfassungen von Marmor, Metall oder Naturgestein. Viele solcher Bildnisse bewahren noch einen Abglanz des Lebendigen, oft ist es nichts als eine kleine Unregelmäßigkeit, wie sie einem Menschen das Leben ins Gesicht prägt, oder eine Drehung des Kopfes, der Anflug eines Lächelns, so subtil erfaßt, daß man meint, Meissel und Gußgerät seien hier so leicht geführt worden wie ein Aquarellpinsel. Und selbst du, der du gar nichts von diesem Mann weißt, versuchst dir sein Wesen vorzustellen, seine Stimme, seinen Händedruck. Erscheinen diese kleinen Bildnisse vielleicht durch einen Strauch, der sie beschattet, durch Efeublattwerk, das sich um den Stein rankt, sogar noch irgendwie ins Leben der Natur einbezogen, so fordert das große Gruftporträt der Gründerjahre Respektabstand. Die Verpflichtung zur Repräsentation reicht über den Tod hinaus. Den selbstbewußten Blick der Nachwelt

Wiens unheimlichstes Grabmal: die Nornengruft in Ober-St.-Veit.

Huldigung an den Seniorchef *Trauer im Burgtheaterpathos*
Hietzinger Friedhof.

Das Nobelviertel der Toten: Mausoleen des Ober-St.-Veiter Friedhofs.

zugewandt, bekrönen die Porträts der Seniorchefs als bärtige Idealköpfe über Salonrock und Krawattennadel Grabstein, Tumba oder kunstvollen tektonischen Aufbau in leuchtendem Alabaster. Und goldene Lettern, wie auf alten Prachtausgaben, verkünden, wer sie gewesen ...

Doch der Nachgeborene beachtet kaum die Namen und Würden, die auf den Tafeln verzeichnet stehen. Er läßt sich von der Impression leiten, mißt vor den Figuren das Zwischenreich jener Empfindungen aus, die ein Stilbetrachter aus dem Kreis Theophil Hansens als »das schöne Grauen« bezeichnet. Ein legitimes Erbe der Romantik, von den Generationen der Söhne und Enkel zu einem Regieprinzip überwältigender und zugleich faszinierender Wirkungen erhoben. Den Beschauer, den dies alles spontan berühren soll, beziehen sie als wichtigen Faktor ihrer Entwürfe ein. »Das ist die stürmische Anmut des Schrekkens«, schrieb schon Percy Bysshe Shelley in seinem Gedicht auf das anonyme Gemälde des Medusenhauptes in den Uffizien. Untergründig liegt auch in vielen Friedhofsskulpturen das Gorgonenhafte beschlossen, der Bann.

Steinerne Frauen sind es meist, in langen antikischen Gewändern, Gestalten wie von Anselm Feuerbach inspiriert und auf dieser letzten Bühne zur heroischen Haltung von Burgtheatertragödinnen gesteigert. Vielleicht legte dieses Zeitalter unbewußt aber folgerichtig die Betonung auf das Weibliche. Von den »Müttern« und den Parzen her über die Erinnyen, Harpyien, »La Belle Dame sans Merci« bis zu den grausamen Märchenprinzessinnen eines Gustave Moreau, ja, bis zu Oscar Wildes Salome und Wedekinds Lulu symbolisiert das Weib überzeugender als der Mann unheimliche und schicksalhafte Mächte, das Erhabene oder das Zerstörerische.

Monument neben Monument erblickt man die Szene der Beweinung. Manche dieser Szenen sind stumme unendliche Monologe: In fast drohend ruhiger Trauer steht die Hüterin über der Gruftplatte – oder sie scheint dem Dahingeschiedenen in dramatischer Geste nacheilen zu wollen. So ist auch der berühmte »Wolter-Schrei« zu Marmor erstarrt.

Ein dämonischer Friedensengel, der keine Tröstung gewährt, thront in lebensferner Majestät über einem Grab. Die Genien sind nicht mehr olympisch nackt wie im Biedermeier, sondern

faltenreich verhüllt. Sie haben die lichte Weite der Alten verloren, dafür umweht sie das Pathos; und wenn sie ihre Schwingen regten, höbe sich ein knatternder metallener Wind.
Doch all jene Allegorien sind im Grund keine Visionen jenseitiger Wesen. Die Grabmalplastiker der Ringstraßenära huldigten einem deutlich ausgeprägten akademischen Realismus, mit Erinnerungen an die damals obligaten Romreisen, auf denen sie Antiken und die Schöpfungen des Barockgenies Gianlorenzo Bernini gesehen hatten. Der Faltenwurf erscheint nach ateliergerechter Anordnung gemeißelt, die anatomischen Verhältnisse sind getreu dem lebenden Modell wiedergegeben, viele der Genien zeigen mit ihren Blößen irdisch handfeste weibliche Formen. Eine seltsame, absurde Verbindung von überdimensionierter Körperlichkeit und Vergeistigung des Totenkults. Makart ist ins Makabre übertragen, und solche Darstellung des menschlichen Leibes wirkt in Wahrheit »toter als tot«, wie Alfred Polgar nach einem Besuch auf dem Pariser Friedhof Père Lachaise schrieb, kälter als der amorphe Stein. Im Faltenwurf mit der streifigen schwarzen Marmorverwitterung nistet die Wirrnis pompöser Gefühlsäußerungen.
Um die Jahrhundertwende kommt vielfach ein intim-lyrisierender Zug in die Grabmalplastik, sie entlehnt ihre Motive zuweilen der Ansichtskarten-Empfindsamkeit, wird elegischer, hält sich gleichsam im Albumformat. Die Witwe oder die Tochter, möglichst porträtähnlich, soweit dies mit der gebotenen dekorativen Aufmachung harmoniert, streut Rosen auf die Ruhestätte des Verblichenen.
Und in einer Gräberreihe plötzlich das Abbild eines älteren Herrn; man könnte es fast eine Begegnung nennen. Der Süden liebt solche Grabmalstatuen von einer fast panoptikalen Wirklichkeitsnähe, dabei kommt es nicht zuletzt auf die Paßform der Kleidung an, auf die exakt ausgeführten Westenknöpfe, ja, in unserem Fall sogar auf försterische Ledergamaschen alten Stils. Über dem Hügel ist, kaum durch einen Sockel erhöht, der Verstorbene in ganzer Figur so porträtiert, wie ihn seine Verwandten und Freunde zu Lebzeiten kannten. Das Bildwerk wird zum familiären Souvenir. Der Herr Professor, ein sichtlich geländegängiger Landschaftsmaler, sitzt leger auf einem Felsbrocken, als hätte er sich just zur Rast niedergelassen. Noch nach vielen

Jahrzehnten hört man förmlich die Hinterbliebenen in fideler Rührung seufzend sagen: »Seh'n S', so war er!«
Man biegt um eine Ecke der Hecken und hat plötzlich das Gefühl, als sei man in die Enge getrieben, umstellt: rechts ein ins Unendliche blickender Friedensgenius, links auf einem Grabstein, wie durch eine Mauerluke auftauchend, ein Frauenantlitz, ganz von den Falten eines Schleiers bedeckt: Enigma, das letzte Rätsel, ein immer wiederkehrendes Motiv der Plastik des Symbolismus und ein – besonders von Italienern – oft geleistetes Bravourstück bildhauerischer Artistik, dem Marmor die Textur hauchdünner Gewebe zu geben, unter dem die Gesichtszüge nur durchschimmern.
Überraschende figurale Pointen, plastische Aphorismen, Effekte in Carrara und Bronze. Neben Unikaten »von Meisterhand« auch Serienerzeugung aus wohlfeilerem Material und maximal lebensgroß. Pietätskonfektion. Noch in den zwanziger Jahren erschienen in einer weitverbreiteten deutschen Zeitschrift Inserate folgenden Wortlauts: »Grabmale, in Form und Ausdruck vollendet, entwirft und liefert in jedem Gestein und Metall nach allen Orten des In- und Auslandes N. N. Kunststätte für Kirche und Friedhof.« Gut verpackt und genau adressiert wurden frischgegossene trauernde Frauen per Bahn verfrachtet. Es ist schon einige Zeit her, da stand wochenlang eine offenbar aus zweiter Hand erworbene verhüllte Wehklagende wie ein weiblicher Schwarzer Mann auf der Veranda eines Ober-St.-Veiter Hauses, deponiert und deplaciert, weinte zusammengeklappte Gartenstühle und in die Ecke gelehnte Rechen an und ließ den ahnungslos über den Zaun blickenden Passanten glauben, er sei jählings das Opfer surrealer Halluzinationen, habe wohl unlängst zuviel Salvador Dali gesehen. Schließlich verschwand die allegorische Unbekannte aus dem Abseits des häuslichen Lebens. Vermutlich hatte es eben eine Wartezeit gegeben, eine speditionsbedingte Zwischenstation. Auf dem Hietzinger Friedhof sah man sie dann wieder. Endlich war sie am Ziel.
Wir waren noch Hietzinger Kinder, als wir auf dem Ober-St.-Veiter Friedhof das eigenartigste, ja unheimlichste Grabmal Wiens entdeckten. Ein Mausoleum, die letzte Ruhestätte eines reichen Wagnerianers, die Gasse, in der wir wohnten, war nach

ihm benannt. Viel später erst erfuhren wir, daß er den jungen, sich mühsam durchschlagenden Hugo Wolf generös unterstützt hatte. Das Tor aus wuchtigen Steinblöcken gefügt, dicht von Efeu überwachsen, die metallenen Türflügel mit gebuckeltem germanischen Zierat – wie der Eingang zur Gibichungenhalle, keine Architektur des Totenkults, sondern ein materialechtes Bühnenbild. Durch das Gitter spähten wir in eine immerwährende Götterdämmerung, die ein kommerziell erfolgreicher Privatmann für sein eigenes Angedenken inszeniert hatte. Und dann sahen wir, in der Tiefe des Raumes, dennoch nur wenige Schritte von uns entfernt, matt leuchtenden Marmor: groß, wie aus den Fernen der Saga emporgestiegen, die drei Nornen, das Seil in den Händen, den Weltquell zu Füßen.
Daß es die Nornen waren, die mythischen Verkörperungen der Schicksalsmächte, wußten wir damals natürlich ebensowenig wie die kunsthistorische Fußnote, daß Heinrich Natter diese Gruppe geschaffen hatte, ein Tiroler Kraftmensch, dem das Wiener Haydn-Denkmal so vortrefflich gelungen war und der zu sagen pflegte: »Eine Statue muß beten lehren.«
Wir empfanden nur die aus dem Halbdunkel drohende Gewalt der Starre und des Schweigens. Alles was wir sahen, waren drei große steinerne Frauen, vor denen wir uns fürchteten ...

… als wäre man in der Toscana

Die florentinische »Enklave« des Faniteums

Anno 1858, also in den allerersten Tagen der Ringstraßenzeit, brachte die damals sehr angesehene liberale Wiener »Ostdeutsche Post« den Artikel »Ein Vorschlag für die Neubauten in Wien.« Der Beitrag erschien ohne den Namen des Autors, und bis heute weiß man nicht, wer ihn verfaßte. Sei's drum, jedenfalls regte der Proponent an, als sinnfälligen architektonischen Ausdruck des Vielvölkerstaates eigene geschlossene Nationalitätenviertel anzulegen. Er hatte seine bauliche Musterkarte genau eingeteilt: das Königreich Lombardo-Venetien gehörte noch zum Kaisertum, ergo war ihm ein italienischer Sektor sehr wichtig, völlig im transalpinen Stil gehalten, sodaß man sich dort in eine norditalienische Stadt versetzt gefühlt hätte. Ja, zur Belebung malte sich der Anonymus sogar einen venezianischen Karneval aus. Goldoni-Treiben irgendwo zwischen dem Stephansturm und dem Wienerwald – der Gedanke hat unbestritten Verlockendes.

Ebenso zog der Ungenannte einen slawischen und einen ungarischen Bereich in Betracht und schließlich, eingedenk der engen Handelsbeziehungen zur Levante, auch eine Enklave für die Griechen.

Indes, man bezichtigte ihn der Verliebtheit in bloßen Kulissenzauber, warf ihm vor, die neuartigen Bauaufgaben und Strukturprobleme der Hauptstadt zu übersehen, ganz zu schweigen davon, daß es in einem elf Nationen umfassenden Staat mit solch einer »Auswahl« nicht getan wäre. Die Idee, der man einen gewissen spielerischen Reiz nicht absprechen kann, verschwand mit der betreffenden Zeitungsnummer, dem stillen Vergilben anheimgegeben, im Archiv.

Doch unabhängig von gelenkter Ensemblebildung, wie wir heute sagen würden, fand fremdartiges Bauen dann besonders um die Jahrhundertwende sehr wohl in Wien Eingang. Da und dort treffen wir mitten im Vertrauten auf solche Beispiele einer förmlich exterritorialen »enklavischen Architektur«, im Erscheinungsbild deutlich von der Umgebung abgehoben. Es sind

Bauten, die ganz bewußt als Einzelgänger auftreten und ein fremdes Idiom sprechen, uns ihr Anderssein klar vor Augen führen. Die Beweggründe für die Wahl ungewöhnlicher und deshalb auffallender Gestaltung mögen sich aus der Bestimmung des Gebäudes erklären oder aber, häufiger, aus den ganz individuellen, romantischen Wünschen der Auftraggeber. Und es ist nicht zu leugnen: solch wahrhaft merkwürdige Architektur bereichert die Gesamtsicht um interessantes Kolorit.
Da überrascht etwa in der Praterstraße der »Dogen-Hof« mit einer Fassade wie der Palazzo Cavalli, ganz so, als flösse vor dem Tor nicht der Verkehr, sondern der Canal Grande vorbei. Ein großes »Palais des Beaux Arts« im 3. Bezirk gibt sich das Flair von Mailänder Szenerien der Epoche des Dichters Gabriele d'Annunzio, in der Döblinger Gebhardtgasse fasziniert ein Wohnhaus mit seiner modellierten Straßenfront als Rarität im Geist der Art nouveau von Paris und Brüssel, und nicht weit davon entfernt, in der Nußwaldgasse, steht die alte »Zacherl-Fabrik« mit ihrer bunten Majolikakuppel als architektonisches Zauberkunststück, ein orientalisches Einsprengsel zwischen schönen Landhäusern und umso unschöneren Neubauten. Der erste Besitzer reiste in Geschäften oft zu den Muselmanen und hatte wohl sein Herz in Samarkand verloren.
All diese Bauwerke sind trotz ihrer Eigentümlichkeiten der Umgebung eingeordnet, wenn auch wie jemand, der exotisch gewandet, unter lauter Leuten in gewohnter Kleidung auftaucht und unwillkürlich alle Blicke auf sich zieht. Ganz anders jene Reminiszenz an die Toscana, die am Rand des Lainzer Tiergartens Gestalt angenommen hat, mit einer fast wahrzeichenhaft im weiten Landschaftsprospekt sichtbaren Kuppel: das Faniteum, ein »auratischer Bereich« für sich. Uns Hietzinger Kindern erschien es in seiner einsamen Selbstbehauptung, der Distanz, die es um sich schuf, immer als etwas Geheimnisvolles, dem normalen Leben Entrücktes, ähnlich wie die Steinhof-Kirche oder manche auf Bergen errichtete Weihestätten und Monumente, deren Fotos man im väterlichen Großen Brockhaus sah und nicht mehr vergaß. Genaueres über Art und Zweck dieses Baues wußte unsereiner damals natürlich nicht, vermied es vielleicht sogar geflissentlich, danach zu fragen, weil dann der Zauber eines Rätsels dahin gewesen wäre. Erst viel

später erwachte der Wunsch, Tatsachen und Begleitumstände zu erfahren. Sie ergeben, zusammengefügt, eine Geschichte aus der Jahrhundertwende, wahr und dennoch im Stil einer Elegie.
Im Wien der Ringstraßen-Ära lebt Karl Graf Lanckoroński, aus altem polnischem Adel, als Persönlichkeit seinen Zeitgenossen Hans Graf Wilczek, Nikolaus Dumba und Theodor v. Karajan wesensverwandt. Ein Prominenter. Das sagt sich so leicht, wenn jemand schon mit einem klingenden Titel geboren wurde, aber er war es wirklich, in des Wortes ureigenster Bedeutung: ein Hervorragender. Mit archäologischen Forschungen befaßt, hatte er Kleinasien und Ägypten bereist, in seinem Palais in der Jacquingasse umgab er sich mit einer der berühmtesten privaten Kunstsammlungen Europas. Auch wirkte er in amtlicher Funktion und aus eigener Initiative als einer der Protagonisten der Denkmalpflege. Als man allen Ernstes in Erwägung zieht, der »Stilreinheit« zuliebe das romanische Riesentor des Stephansdomes herauszubrechen und an seiner Stelle ein neogotisches Portal einzufügen, ist es Lanckoroński, der diesen bona fide beabsichtigten Kulturfrevel energisch verhindert. Hans Makart, der sonst fast Unzugängliche, ist sein Intimus, später wird der Graf auch Köpfe der jüngeren Generation in seinen Kreis einbeziehen, er schließt Freundschaft mit Hofmannsthal und Rilke, in Paris begegnet er Rodin.
Im Sommer 1892 heiratet er. Ein vierundvierzigjähriger Mann, wesentlich älter als seine Braut Franziska Gräfin Attems-Heiligenkreuz. Mit liebenswürdigem Naturell aber mäßigen weiblichen Reizen begabt, war sie eigentlich schon darauf eingestellt, ihr Leben als adeliges Fräulein standesgemäß im Kreis des Savoyschen Damenstiftes in der Johannesgasse zu verbringen. Wie so viele junge Aristokratinnen hat auch sie einen Kosenamen. In der Familie und in der »Côterie« nennt man sie Fanita, ganz hispanisch, man kann sich dazu Fanny Elßlers göttliche Cachucha oder die Welt der »Carmen« ebenso ausmalen wie das höfische Gepränge um die Infantinnen, die Velazquez porträtierte. Und es klingt ohne Zweifel viel besser als die diversen tändelnden Anreden wie Zizi, Lori, Montschi etc.
Das Eheglück inspiriert Lanckoroński zu einem neuen Plan: er will für seine Frau und sich in Wien eine zweite Privatsphäre schaffen, ein Retiro weit außerhalb des Radius seines Stadt-

palais beim Belvedere. Den ihm ideal erscheinenden Ort findet er auf dem Ober-St.-Veiter Gemeindeberg, wenige Schritte von der Tiergartenmauer, am Rand ausgedehnter Laubwälder. Dort gedenkt er ein Landhaus zu erbauen, eine richtige Villa Suburbana, gleich denen auf den Hügeln in der Umgebung von Florenz und Siena.

Doch im August 1893, knapp ein Jahr nach der Trauung, stirbt Fanita im Kindbett. Der Witwer ist nicht nur ein großer Herr, sondern auch ein Mensch seiner Zeit, ein Geist des 19. Jahrhunderts. Und so reift aus tiefem persönlichem Schmerz und geschichtlichem Denken die romantische Idee heran, mit der Geste eines italienischen Renaissancefürsten ein Grabmal der Liebe zu errichten. Melodramatische Betrachtungsweise zieht später den Vergleich zum weltberühmten indischen Tadsch Mahal, doch mag kulturhistorisch eine näherliegende Parallele etwa bei Sigismondo Malatestas »Templo Malatestiano« in Rimini zu finden sein. Die Anhöhe, auf der eine Heimstätte für die Lebende entstehen sollte, wird nun ihr Mausoleum tragen. Aber die behördlichen Bestimmungen lassen eine solche Bestattung nicht zu, selbst ein Aristokrat und Inhaber hoher Würden muß sich ihnen beugen, weshalb die Gräfin schließlich auf dem Hietzinger Friedhof beigesetzt wird.

Lanckoroński ändert seinen ursprünglichen Plan. Zur Erinnerung an die so tragisch früh Verstorbene will er eine Kapelle erbauen. Diese Sinngebung eines Denkmals verbindet er mit einem karitativen Vorhaben für die Allgemeinheit, damals nennt man das Wohltätigkeit, heute würde man es, nüchterner, gewiß, als eine soziale Maßnahme bezeichnen. Der Sakralbau ist als beherrschender Mittelpunkt eines Stiftungshauses gedacht, eines Rekonvaleszentenheimes für spitalsentlassene Patienten, die nicht älter als vierzehn Jahre sind und aus den ärmsten Schichten der Bevölkerung stammen. Diese genauen Bedingungen verbrieft der Bauherr. Und für die gesamte Anlage wählt er den Namen Faniteum.

Aus Basel beruft er den Architekten Emanuel La Roche, wohl einer aus der Gilde der »gelehrten Baumeister«, jener in historischen Stilrichtungen versierten soliden Fachleute, die damals für Restaurierungen, Schloßausbauten und Rekonstruktionen gefragt sind. Nach Lackorońskis Intentionen errichtet der

Schweizer da oben, mitten in der Natur des Wienerwaldes, im Verband der Gebäudetrakte eine Kapelle, die in der Gestaltung an Werke des Renaissancemeisters Filippo Brunelleschi erinnert. Ganz bewußt wird hier die florentinische Capella Pazzi variiert, die allerdings auf ebenem Boden im Hof des Klosters Santa Croce steht, während das Wiener Nachbild sich als Bekrönung eines Hanges erhebt. Um in dieser Lage eine monumentalere Wirkung zu erzielen, setzt der Architekt auf den Bau eine Kuppel, die über die Wipfellinie hinausragt und das Faniteum zu einem markanten Blickpunkt der Hügelzüge im Vorfeld des Lainzer Tiergartens macht. Die Freifläche des Gartens läßt der Graf mit Vegetation säumen, die den Eindruck des Südlichen noch verstärkt, eine zum Sanctuarium emporführende Allee von Thujen.
Stiege ein guter Beobachter mit einem scharfen Fernglas in die Türmerstube von St. Stephan hinauf, müßte er – damals zumindest – im südwestlichen Sektor des Wiener Panoramas die Loggia und die Kuppel der Kapelle deutlich ausnehmen, denn die Mittelachse ist genau auf den Domturm ausgerichet. So gibt Lanckoroński seiner Weihestätte eine innere Beziehung zum Herzstück der Stadt, ja man darf wohl annehmen, daß er damit seine Villenpläne aus glücklicheren Tagen auf eine höhere, religiöse Ebene übertrug. Wäre alles anders gekommen, dann verliefe dort wahrscheinlich die Gartenfassade des Hauses, mit einer Terrasse für den weiten Ausblick über Wien, und der Besitzer würde in seinem Ober-St.-Veiter Tusculum Künstler und Gelehrte empfangen wie an einem Musenhof der Medici.
In den Räumen des Faniteums bleibt die Absicht des kundigen passionierten Sammlers erkennbar. Da und dort sind historische Originalteile eingefügt: steinerne Türrahmen, Wappen, ein Majolikarelief in der Art der florentinischen Plastikersippe della Robbia. Der Hauptkorridor mit seiner Balkendecke zeugt von Erinnerungen an Mönchsklöster des Quattrocento. Für die Ausführung von Wandfresken verpflichtet der Graf den in Frankfurt am Main lebenden Maler Wilhelm Steinhausen. Das ist ein ernster Mann aus der preußischen Landschaft der Niederlausitz, der es sich mit seinem Schaffen wahrlich nie leicht macht. Sein ganzes Leben lang denkt er über die Kunst nach, ihr Wesen und ihren Sinn, oft drängt es ihn, seine Betrachtungen

niederzuschreiben. »Ich komme immer mehr zu der Überzeugung, daß alle Malerei, da sie auf Anschauen der in der eigenen Natur sich spiegelnden Außenwelt beruht, kontemplativ sein muß. Darum entstanden im Mittelalter so große Werke der Malerei, so seelisch reiche, weil der Hang zu kontemplativer, sich in sich versenkender Betrachtung so vielen Gemütern mitten unter den stürmischen Bewegungen der tatenreichen Zeit zu eigen war. Es war der selbe Hang, der so viele in die Stille der Klöster und Wälder zog.«

In solche Stille zieht nun auch Steinhausen selbst, zwei Jahre, von 1895 bis 1897, verbringt er bei der Arbeit an seinem Zyklus in Ober-St.-Veit, sein Domizil ist die nahe »Einsiedelei«, ein Anwesen, das mittlerweile verändert, als St. Josefs-Heim noch immer existiert. Ein Selbstbildnis, während jenes Aufenthaltes entstanden, zeigt den bärtigen Fünfziger, er besitzt, was man damals einen »markanten Künstlerkopf« nennt, eine Physiognomie, die etwas vom würdigen Akademieprofessor und noch mehr vom demütigen Pilger an sich hat. Sind es doch vor allem biblische Motive, mit denen sich Steinhausen die Wertschätzung seiner Zeitgenossen erringt, er gehört zu jenen Künstlern, welche die Richtung einer neuen deutschen religiösen Malerei begründen. Zutiefst redlich und von einem unbeirrbaren Gewissen geleitet, ist er künstlerisch kein starkes, eigenständiges Naturell, er hat vieles gesehen, und diese Vorbilder wirken auf ihn ein – Schwind, Rethel, Schnorr v. Carolsfeld, sein Zeitgenosse Hans Thoma –, im Grund aber findet er sein höchstes Ideal in den frühen frommen Meistern: Cimabue und Giotto. Heute würde man ihn als Epigonen, ja vielleicht sogar als einen braven Illustrator für christliche Erbauungsbücher einstufen.

Im Faniteum malt er »Die Sieben Werke der Barmherzigkeit«, gleichsam eine Predigt über die Nächstenliebe in der Form von Fresken. Das ist alles aus dem Zeitgeist jener Jahre zu begreifen, die stille Betrachtung soll den Insassinnen des Rekonvaleszentenheimes Zuversicht geben, soll sie erheben, und Steinhausens Darstellungsweise von Taten der Caritas ist so recht dazu geschaffen, Ruhe auszustrahlen. Seine Figuren sind Menschen aus einer Welt, in der das Leben wie eine Folge von Sinnbildern abläuft, zugleich klingt auch hier das Motiv des Gedenkens an, denn in den Hauptgestalten mancher der Gruppen ist Gräfin

Fanita porträtiert. So wird sie noch im Tod zur Schutzherrin der Stiftung ihres Gatten, seine Liebe und Trauer machen die eigene Schöpfung zu ihrem Vermächtnis.

Auf einem der Fresken glaubt man Anregungen des Malers durch die nächste Umgebung zu erkennen, die Hügelzüge eines noch völlig pastoralen Ober-St.-Veit. Ganz realistisch hingegen, topographisch bestimmbar, ist ein Motiv, daß Steinhausen bei seinen Spaziergängen wählte: eine Waldpartie der Gegend an der Tiergartenmauer, ja sogar das kleine »St.-Veiter-Türl« ist dargestellt. Dieses Bild nimmt der Künstler nach Frankfurt mit. Dort wird es für eine private Sammlung erworben. Dann verliert sich die Spur.

Das Faniteum ist nach wechselvollen Umwidmungen, zeitweiser Verödung und zum Glück vereitelten Demolierungsplänen nun ein Kloster der Karmelitinnen, eines Nonnenordens mit sehr strengen Klausurregeln. Nur die Kapelle bleibt davon ausgenommen, aber der Wiesenhang vor der Loggia, Teil der Illusion eines Fleckens der Toscana, liegt schon jenseits der Einzäunung.

Graf Lanckoroński selbst hat seine Fanita um volle vierzig Jahre überlebt. Er starb 1933.

Zum drittenmal verheiratet. C'est la vie.

Gloriettegasse 9

Katharina Schratts Villa als Exempel der schönen Kunst, in Hietzing zu leben

Unter den Wipfeln des Gartens bläst ein kurzbeiniges Sandsteinmanderl in barocker Waidmannstracht auf dem Parforcehorn Halali, sozusagen ein Ururenkel der Sippschaft aus dem Salzburger Zwerglgarten. Aber nicht so grotesk, o nein, vornehmer, fast schon ein Schönbrunner Hofzwerg, wenn es solche wirklich gegeben hätte. Niemand weiß mehr, woher dieser sympathische kleine Dreispitzträger stammt, wahrscheinlich aus dem Park eines der vielen Jagdschlösser irgendwo in Österreich oder sogar in Böhmen. Seit mehr als einem Jahrhundert besitzt er jedenfalls Heimatrecht in Hietzing.
Sogar in Alt-Hietzing, also jenem theresianisch gelben Tortenstück des Bezirksplanes, das vom Kirchenplatz bis zur Höhe der Maxingstraße reicht, einen kurzen Zirkelschlag in Richtung Küniglberg beschreibt und auf der anderen Seite durch die Lainzerstraße vom später entstandenen »Hietzinger Cottage« getrennt wird, eine Gegend im übrigen, deren Bezeichnung den Wiener Sprachschatz der Ringstraßenzeit um ein linguistisches Curiosum bereicherte: Als im Westen der Stadt, in Döbling, Währing und eben auch in Hietzing, solche Villenviertel gebaut wurden, übernahm man wohl das englische Wort, doch weil die Anglistik damals hier noch nicht so geläufig war wie später, gab man der Aussprache willkürlich eine Wendung ins »elegantere« Französische, und so hieß das Cottage bei uns eben »Kottehsch«. Heute hört man dieses merkwürdige phonetische Gebilde, das vielleicht, wer weiß, unbewußt seherisch schon die enge britisch-französische Entente Cordiale ankündigte, nur mehr bisweilen von hochbetagten Herrschaften und von lokalen Geschäftsleuten, die auf überlieferte Formen halten.
Genug der Abschweifungen. Kehren wir zurück zu dem bewußten Barockzwergl mit dem Jagdhorn; bei längerer, genauerer Überlegung wollen wir es doch am ehesten als einen Böhmen ansehen, schon deshalb, weil aus Libussas Gauen bekanntlich die besten Blasmusikanten des alten Österreich kamen. Freilich

ist es den Blicken selbst der aufmerksamsten Hietzinger entzogen, wie auch andere wunderliche Plastiken in diesem Garten. Denn der Gitterzaun wurde mit Schilfrohrmatten abgedichtet. Die Villa Gloriettegasse 9 lebt nach innen, südseitig, ins Grüne entfaltet sie ihren ganzen Reiz. Dort ist Hietzing am hietzingerischsten.
Drei ebenerdige Trakte umschließen den Hof, mit großen, vornehmen Lünettenfenstern und weißen Stuckornamenten auf sonnenfarbenen Wandflächen. Der Eintritt in den Garten vollzieht sich fast festlich, zwischen Balustraden und steinernen Vasen, als Entrada durch eine breite Schmiedeeisenpforte von filigranem Gerank.
Ein nobel instrumentiertes Tusculum, alles deutet darauf hin, daß hier ein spätbiedermeierliches Klein-Schönbrunn geschaffen werden sollte, die intime Variation auf ein imperiales Thema. Ebenso repräsentativ wie privat. Nehmt alles nur in allem: das schönste Landhaus in Althietzing. Hugo v. Hofmannsthal wäre von seinem Flair entzückt gewesen, Max Reinhardt hätte darin eine bezaubernde Szenerie österreichischer Komödien gesehen.
Fast eine Residenz. Die Villa der Katharina Schratt.
»Liebe Gnädige Frau! Gestern wäre ein vortrefflicher Tag für den ersten Ausgang gewesen. Ich dachte daran und überhaupt beständig an Sie, als ich gestern von 1 bis 2 Uhr mit der Kaiserin den gewohnten Weg hinter der Gloriette auf- und abwandelte. Wir sprachen auch von Ihnen und mit welchen Gefühlen ich durch das Gitter am Tirolergarten in die Gloriettegasse sah, kann ich Ihnen nicht sagen, es wird heute ohnedies viel zu sehr ein Gedankenbrief.« So lautet eine Stelle aus einem der Hunderten Handschreiben, die Kaiser Franz Joseph zwischen 1886 und 1915 an Katharina Schratt richtet. Wo sich der Monarch auch aufhält, ob in der Hofburg oder in einem böhmischen Manöverhauptquartier, in Budapest, in seinen Jagdschlössern Märzsteg oder Gödöllö, von überall erzählt er der Vertrauten über seine Verpflichtungen, politische und private Ereignisse und allerlei persönliche Wahrnehmungen, die den geschulten Blick des Jägers und guten Beobachters verraten.
Im Lauf seines Lebens hat sich Franz Joseph überhaupt zum fleißigsten Briefschreiber aus dem Haus Habsburg entwickelt.

Seine Briefe sind über weite Distanzen oft die einzige Verbindung zur Kaiserin, wenn sie auf Reisen ist. Was daran besonders auffällt, ist außer der Ausführlichkeit des Inhalts die gleichsam heraldisch gewordene Formelhaftigkeit der Anrede, darin spricht sich der Systematiker und Ordnungsmensch aus. Diese Niederschriften sind sozusagen »Vortrag« und Reverenz in einem. Ganz anders die Briefe an Katharina Schratt, aus ihnen erfährt man, was den Privatmann Franz Joseph bewegt: Wehmut, Sehnsucht, Anteilnahme an Sorgen der Freundin – ja sogar eine nicht ohne weiteres erkennbare Eigenheit des Monarchen äußert sich darin, nämlich sein Hang zur Ironie und zur Selbstironie. Da streut er bisweilen Pointen ein, z. B. wenn er berichtet, er habe eine ungewohnte ausländische Regimentsinhaber-Uniform anziehen müssen, und dazu bemerkt: »Ich war sehr schön!«

Solche Korrespondenz bietet dem Kaiser ein inneres Refugium. Angesichts seines konsequent bewältigten, ihm nur kurze Atempausen gönnenden Arbeitspensums und eingedenk der Tatsache, daß er als Tagmensch extremster Ausprägung nicht gern lange aufblieb (ein anderer Groß-Epistolarius, nämlich Metternich, kam erst nach Mitternacht in Stimmung!), muß man den Schluß ziehen, daß er in seiner zügigen, gut lesbaren Kurrentschrift wohl sehr rasch schrieb. Formelhaft doch nicht formell auch hier die Anrede, an ihr ist gleichsam das Avancement der Adressatin abzulesen. Lautet die Überschrift anfangs konstant: »Meine gnädige Frau«, etwas später schon »Meine liebe gnädige Frau«, so findet der Absender im Winter 1888 zum vertrauteren »Meine liebe theuerste Freundin«, und diese Wendung wird dann all die lange Zeit kaum mehr variiert, weder zu neuerlich distanzierterem noch zu zwangloserem Ton. Längere Trennungen von der klugen, heiteren Gesprächspartnerin verträgt der Kaiser nur schwer: »Meine Sehnsucht, Sie wieder zu sehen, und der Wunsch, keinen der wenigen Tage zu versäumen, welche Sie noch in der Gloriettegasse zubringen, ist so lebhaft, daß ich Sie, mit Ihrer Erlaubnis, doch morgen früh um halb acht Uhr besuchen möchte. In dieser Absicht bestärkt mich Ihre gütige Frage und Aufopferung von heute Früh und das Zureden der Kaiserin, die auf meine Gesellschaft beim Frühstücke verzichtet.«

Die Kapelle des Faniteums aus der „toscanischen“ Perspektive.

Hietzings allerschönstes Landhaus: die Fassade der Schratt-Villa . . .

. . . samt dem kuriosen Mini-Monument der Gnädigen Frau und einem wohl aus Böhmen zugewanderten Hornisten-Zwergel.

Katharina Schratt hat die Hietzinger Villa zunächst nur gemietet und erst später – durch Ratenzahlungen – erworben. Sehr rasch lebt sich die aus dem Badener Kleinbürgertum stammende Künstlerin in der feudalen Atmosphäre ein. Bald weiß ganz Wien, daß das gelbe Haus in der Gloriettegasse während der schönen Jahreszeit fast allmorgendlich für eine kurze Stunde so etwas wie die heimliche Sommerresidenz des Herrschers ist. Doch all das entspricht auch einem leitmotivisch die Geschichte der späten Habsburger durchziehenden Phänomen: der »nostalgie de la roture«, einer Sehnsucht nach dem Bürgerlichen. In Franz Josephs Zeiten ist dieser Zug zur Bürgerlichkeit entweder eine durch schwere innere Spannungen ausgelöste Flucht aus der Sonderstellung, wie etwa bei Erzherzog Johann Salvator, oder aber eine von Leichtsinn, Laune und Lebensgier inszenierte Folge kurzfristiger Eskapaden zu Volkssängern und »feschen Weibern«, wie beim schönen Erzherzog Otto und manchen seiner jungen Vettern.
Franz Joseph weiß, daß seine Freundschaft mit der Schauspielerin des Hofburgtheaters Gesprächsthema aller Kreise ist, aber er weiß auch: man gönnt dem »alten Herrn« diese, seine ganz besondere Form der »nostalgie de la roture«. Zum Zeitpunkt der ersten Begegnungen ist Frau Schratt dreiunddreißig und hat eine kurze Ehe mit einem ungarischen Kavalier hinter sich. Man könnte sie eine »Wienerwaldschönheit« nennen, in ihrer bodenständigen Anmut gleicht sie manchen der Frauentypen auf den Porträts und Genrebildern des Biedermeier und der Jahrhundertmitte. In fast allen Wesenszügen ist sie das genaue Gegenteil Elisabeths: durch und durch bürgerlich, natürlich, fraulich, mit gesundem Menschenverstand und Herz, taktvoll, freilich auch manchmal anspruchsvoll, unbesonnen in Geldfragen, bei einem nein rasch verstimmt und launenhaft, aber dies sollte sich erst später zeigen und das gute Einvernehmen zeitweise trüben. Eines jedenfalls: sie gehört nicht zu jenen Schauspielerinnen, die auch zu Hause »ein Theater machen«, sich in Szene setzen. Hermann Bahr nannte Katharina Schratt einmal »die letzte Meisterin des Plausches«, einer wienerischen Kunst, bloße alltägliche Redseligkeit durch Charme zu sublimieren, Gescheitheiten und Belangloses miteinander zu verflechten und über aphoristische Schnörkelbrücken vom Hundertsten ins Tausend-

ste zu kommen. Das leichte Streifen ernster Dinge und scheinbar oberflächliche Hinweggleiten über tiefere Bedeutungen. Und eine Portion resoluten Beharrungswillens, wo es nötig ist. Auch beim Plausch hat die Stimme der Vernunft Gewicht. Wievielen Menschen wurde schon auf solche Weise »der Kopf zurechtgesetzt«, manche Unstimmigkeiten konnten im Stil des Parlando aus der Welt geschafft werden, geschlichtet, oder wie man hier gern sagt »eingerenkt« – wir sind ja schließlich in der Stadt der berühmten Wiener Medizinischen Schule. Der morgendliche Plausch im gedämpften Licht des eichenvertäfelten Ecksalons der Villa ist der seltene Moment, in dem höfische Etikette und großbürgerliche Häuslichkeit einander berühren.

Da Franz Joseph ein unentwegter Frühaufsteher ist, mag es die Gnädige Frau anfangs ein gewißes Maß an Überwindung gekostet haben, sich dieser soldatischen Zeiteinteilung anzupassen. Eines der schönen Nachbarhäuser bewohnt zeitweilig Fürstin Nora Fugger-Babenhausen aus Bayern, eine sehr energische Dame der Hocharistokratie, die auf das hefstigste am Hofleben teilnimmt. In ihren Memoiren berichtet sie, daß sie des öfteren von Schönbrunn her den Kaiser in aller Herrgottsfrühe raschen Schrittes durch die noch menschenleere Gasse herankommen sah. Vorher hatte er schon zwei Stunden an seinem Schreibtisch gearbeitet. Die Fürstin kennt sogar Franz Josephs gewohnten Weg: durch den Schönbrunner Park, an der Menagerie vorbei und weiter durch den Botanischen und den Tirolergarten. »Wenn ich ihm begegnete, blieb er stehen und sprach mit mir.«

Der Kaiser ist weder ein Rokoko-Souverän noch ein Romantiker, und Katharina Schratt ist keine Favoritin im negativen Sinn des Worts: keine vor anderen über Gebühr Begünstigte. Das muß sie erfahren, wenn sie hin und wieder doch die Versuchung anwandelt, ihre einmaligen »Beziehungen« spielen zu lassen. Auch in eigener Sache. Da wahrt der Kaiser streng das Decor. Als sie ihn daran erinnert, daß ihr die Kaiserin kurz vor ihrem Tod die Verleihung des für Damen zu stiftenden Elisabeth-Ordens in Aussicht gestellt habe, erwidert Franz Joseph, er bedaure, aber eine solche Würdigung sei nun eben unmöglich. Aus der Hand der Kaiserin empfangen, wäre die Insignie ein über jeden Verdacht erhabenes Zeichen der Huld gewesen, von ihm verliehen, würde sie als ein Beweisstück der Protektion

und Bevorzugung angesehen werden. Dabei bleibt's, punctum. Auch wenn die Gnädige Frau deswegen recht ungnädig wird.
Ein andermal ist Franz Joseph selber recht verstimmt: Als er nämlich erst durch die Presse erfährt, daß die prominente Dame, aus purem Übermut, wie ihm scheint, eine waghalsige Fahrt mit dem Ballon »Vater Radetzky« unternommen hat. Solche tollkühnen Streiche gefallen ihm aber schon gar nicht. Die Theuerste Freundin hoch oben in der Luft, wie eine Zirkusartistin! Bis auf 800 Meter ist der Ballon gestiegen und schließlich bei Aspern gelandet. Auf diesen Höhenflug reagiert der hohe Herr mit einem Anflug von geradezu Grillparzerischem Hofratsgrant:
»Die Art, wie sich die Zeitungen der Sache bemächtigen, gibt dem in Ihren Augen unschuldigen Vergnügen einen Anstrich, der einer Reklame und einem Streben nach Berühmtheit auf einem Ihnen fremden Felde ähnlich sieht, welche weder Ihrem Charakter, noch Ihrem, mir größte Hochachtung einflössenden, einfachen Wesen entsprechen. So, nun dürfen Sie sich über den alten Raunzer ärgern, soviel Sie wollen, ich erlaube Ihnen sogar, recht böse auf mich zu sein, in der Hoffnung, daß Sie nicht unversöhnlich sein werden.«
Eine Weile spielt Katharina Schratt überzeugend die Beleidigte, doch eines Morgens kommt es in der Gloriettegasse wieder zu einem »Gipfeltreffen« oder, treffender gesagt, Kipfeltreffen, denn der Kaiser ist es ja nach wie vor gewohnt, bei ihr zu frühstücken. Im übrigen aber läßt sie sich die Freude an solchen Eskapaden nicht verderben. Sie interessiert sich halt für alle Neuerungen der Technik und des damals vielgepriesenen Fortschritts und will sie, wenn möglich, selber ausprobieren.
So ist sie auch dankbares Publikum für die Darbietungen ihres Kollegen Josef Kainz in seiner privaten Rolle als passionierter Amateurfotograf, der auch in der Lichtbildnerei weit Überdurchschnittliches leistet. Nach Spaziergängen durch Schönbrunn macht er in der Villa Visite und erklärt der aufmerksam Zuhörenden den Mechanismus und die Handhabung der jeweils modernsten Kameras, die er mitgebracht hat. So besehen ist es nicht verwunderlich, daß Katharina Schratt zu den ersten Damen der Wiener Gesellschaft gehört, die sich ein Auto anschaffen. Dazu bemerkt der Kaiser kritisch: »Sie scheinen Ihr

Automobil in großem Stile und auf weite Distanzen zu benützen. Wenn es, wie ich innigst hoffe, kein Maulheur gibt, will ich nichts sagen, aber geheuer ist mir die Sache doch nicht ...«
Die Villa Gloriettegasse 9 bietet damals ein vollkommenes Beispiel für die schöne Kunst, in Hietzing zu leben. Bei den Soireen und den sommerlichen Gartenfesten der Hausherrin kann man Berühmtheiten, Finanzmagnaten, Adeligen und Originalen begegnen, die exquisitesten Toiletten, die elegantesten Uniformen bewundern und etwa auch den immer sehr eindrucksvollen Auftritt des deutschen Botschafters Philipp Fürst zu Eulenburg miterleben, der diplomatisch das Hohenzollernreich, persönlich aber den Typus des romanhaft »interessanten Mannes« repräsentiert, wie ihn die Epoche besonders schätzt.
Nur eines ereignet sich niemals: daß der Monarch in solchen Stunden erschienen wäre (was sein jüngerer Zeitgenosse, König Eduard VII., in einem solchen Fall ganz selbstverständlich fände). Franz Josephs subtiles Taktgefühl und seine Auffassung von der Herrscherwürde gebieten ihm, nur dann in die Gloriettegasse zu kommen, wenn er die Freundin unter vier Augen sprechen kann. Sie beide sind die Akteure einer altösterreichischen elegischen Komödie, die Hofmannsthal im Geist der Ebner-Eschenbach schreiben könnte, aber dieser Dialog bedarf keiner Nebenrollen und Episodisten.
Draußen, am Rand des Gartens, gibt es sogar ein Schratt-»Denkmal«, allerdings ein ganz kurioses. Das Gittertor ist in der dem Barock nachempfundenen Manier von zwei kleinen tönernen Sphynxen flankiert, richtig mit Löwentatzen, den Busen natürlich im Faltenwurf verhüllt, denn das eine der Fabelwesen trägt den Porträtkopf der Gnädigen Frau, unverkennbar an ihrer feschen Stupsnase. Die andere antikische Torhüterin soll, so heißt es, die Tragödin Charlotte Wolter darstellen, die ja auch in der Nähe wohnte, nämlich in der Trauttmansdorffgasse. Wer diese beiden absonderlichen Bildwerke in Auftrag gab, bleibt ungeklärt. Der Kaiser selber besaß zwar im Grund Humor, doch als ritterlicher Kavalier wäre er sicherlich nie auf solch eine allegorische Groteske verfallen. Überhaupt: die sanguinische »letzte Meisterin des Plausches« ausgerechnet als rätselhaft schweigende Sphynx, welch eine boshafte Anspielung! Immerhin, so kam Hietzing zu einem Mini-Monument, wohl

dem seltsamsten von ganz Wien; freilich als Geheimtip weniger Kenner unentdeckt, denn die Schratt-Villa ist keine Gedenkstätte, kein Museum im weitesten Sinn, wie interessierte Spaziergänger oft vermuten, sondern Privatbesitz von Menschen, die im stillen eine beispielhafte Tat individueller Denkmalpflege setzten. Bei ihnen ist das schönste Landhaus von Althietzing in guter Hut. Mit eigenen Mitteln ließen sie es innen und außen behutsam restaurieren. Jeder einzelne fixe oder bewegliche Originalteil blieb erhalten und an seinem Platz, sogar um den alten Gartenzaun mußte sich ein Kunstschlosser bemühen. »Wenn wir hier alles bewahren«, so der Hausherr, »dann geschieht das ja nicht nur für uns, sondern auch für diese Stadt.« Der Genius loci Hietzings möge ihn segnen!

. . . das „Bühnenbild" ihrer Gartenseite

Die Leute nennen es halt ein »Stöckel«

Ein besonderer Bautypus, näher betrachtet

Ja, schön. Aber da sei gleich die Frage erlaubt: Was ist das denn überhaupt, ein Stöckel?
Fremdsprachige Ausländer mit passablen oder sogar guten Deutschkenntnissen würden daraufhin wohl mehr oder weniger selbstsicher das Wörterbuch hervorholen, um nachzuschlagen. Vergebliche Mühe übrigens, sofern der Diktionär nur hochdeutsche Ausdrücke verzeichnet, wie allgemein üblich. Da müßte schon ein Lexikon der »Idiotika« her, was Gott bewahre, nichts Ehrenrühriges, Schimpfliches meint, sondern sich von der ursprünglichen Bedeutung des griechischen Wortes »idios« herleitet, nämlich: eigenartig, apart. Den Begriff übernahmen dann die Linguisten für ein Vokabular landschaftlich gebundenen Sprachgebrauchs.
Doch auch Einheimischen fiele es nicht leicht, in der Geschwindigkeit, so mitten im Plaudern, das schon ein wenig antiquierte, aber noch immer gängige Wort zu erklären, gleichsam eine sprachliche Scharfeinstellung aufs Detail vorzunehmen. Sogar die Kunsthistoriker, die es am ehesten wissen könnten, müssen sich eine Definition erst überlegen, da der Ausdruck fachlich eben nicht ganz präszise eingeordnet ist.
Wohlan, versuchen wir, ganz unakademisch, aber an Hand von Beispielen eine Bestimmung. Was versteht man bei uns also unter einem Stöckel? Ein Stück Architektur jedenfalls, und zwar etwa aus dem Zeitraum zwischen dem Barock und dem franciscеischen Biedermeier. Die Residenzschlösser bedingten verschiedene Nebengebäude, Wohnmöglichkeiten für Personal und Hofchargen. Zu manchen Palästen gehörten »Kavaliershäuser«. So nennt man sie im Deutschen allgemein, österreichisch könnten sie mit Fug und Recht Stöckeln heißen. Ein Stöckel steht demnach eigentlich immer in einem größeren architektonischen Zusammenhang, ist Teil einer Gesamtanlage und für dauernden oder zumindest befristeten Aufenthalt gedacht.
Das Wort selber ist ungewisser Genesis. Mag sein, daß die

Mundart es sich aus dem »Stockwerk«, dem »Einstöckigen« zurechtmachte oder aber, daß das gleichsam Zugestutzte, eher Intime, in den räumlichen Maßen Beschränkte betont werden sollte, ähnlich wie die Leute früher das »Röckel«, den kurzen Paletot, vom langen Winterrock unterschieden.
Dies trifft z. B. auf das Schönbrunner »Dierektorenstöckel« zu, ein Domizil, an dem jeder Idylliker, von Ludwig Richter aufwärts, seine Freude gehabt hätte; ja, in seinem harmonischen schlichten Stil erinnert es sogar ein wenig an Goethes Gartenhaus in Weimar. Nebenbei gesagt, haben wir soeben ein weiteres Charakteristicum erfaßt: zum Stöckel gehört immer ein ihm vorangesetzter deutsamer Begriff, der auf seine Funktion hinweist, durch ihn ist es legitmiert, den steckt es aus wie eine Fahne oder einen Heurigenbuschen, der gibt ihm den historischen Hintergrund und den gemäßen Rahmen obendrein. Ein Stökkel, das einfach nur Stöckel hieße, ohne etwas Illustratives, die Phantasie Anregendes dazu, käme einem, wenigstens vom Sprachlichen her, so steril vor wie ein schablonenhafter Fertigteilbau. Wie ganz anders klingt da etwa »Kustodenstöckel«, selbst wenn einer nicht sofort die Information parat hat, daß dieser kleine Nebentrakt vor dem Belvedere zu den Zeiten, als im Schloß die kaiserlichen Sammlungen aufgestellt waren, dem obersten Hüter der Galerie als Wohnung diente. Mit einiger Vorstellungsgabe könnte man zu den existierenden Stöckeln welche hinzuerfinden, die alle im gegebenen Stil denkbar gewesen wären, das »Tanzmeisterstöckel« zum Exempel; selbiges hätte allerspätestens in jenen Jahren erbaut werden müssen, als Hugo von Hofmannsthal und Richard Strauß die »Ariadne auf Naxos« schufen.
Genug davon. Immerhin gibt es in der Realität sogar ein »Kaiserstöckel«, nicht etwa deshalb so benannt, weil sich die Majestät bisweilen dorthin zurückgezogen hätte wie ein altösterreichischer Hofrat in sein Salettl, sondern wahrscheinlich, um die höchste Stufe der einschlägigen Rangordnung gebührend hervorzuheben, priesen doch auch die Bäcker einst ihr Frühstücksgebäck allerfeinster Sorte als »Kaisersemmeln« an. Und das Kaiserstöckel ist unbestritten das Nonplusultra unter den Stöckeln: Als der größte und selbstständigste Bau seiner Art zeigt es, daß alles relativ ist und das Übliche immer Raum läßt

für den Ausnahmsfall. Hier haben wir nämlich ein Mega-Stökkel vor uns, vom Schloß Schönbrunn durch die Distanz langer Alleen getrennt, an den Rand des Parks beim Hietzinger Tor vorgeschoben und diesen Bereich in vornehmer Sonderung beherrschend. Als dreigeschossiger Bau, sogar mit einem angedeuteten kleinen Ehrenhof, dürfte es anderswo ruhig als ein Palais für sich gelten.
Aber solch großzügiger Ductus lag eben im Sinn der einstigen Funktion: Maria Theresia ließ das Kaiserstöckel als Sommersitz für ihren Staatskanzler Fürst Kaunitz errichten, und der hatte allen Anspruch auf ein standesgemäßes Ambiente, brauchte Repräsentationsräume und mußte seinerseits Dienerschaft, Wagen und Pferde unterbringen. Der Entschluß der Augustissima war sicherlich nicht nur durch den Wunsch motiviert, dem hochverdienten Fürsten eine besondere Gunst zu erweisen, sondern entsprang wohl nicht zuletzt rein praktischer Erwägung. Das politische Klima Europas wurde von latenten und akuten Störungsfronten bestimmt, und weil man damals meist nur während der warmen Jahreszeit zu Felde zog, muß es beruhigend gewesen sein, zu wissen, daß der fähigste Staatsmann des Reiches im Falle einer kritischen Situation binnen weniger Minuten zu Beratungen im Schloß erscheinen konnte.
Auch Metternich residierte während des Sommers im Kaiserstöckel, aber keineswegs, um in Schönbrunn der Erholung zu pflegen. Er machte aus dem Bau eine saisonbedingte Dépendance des Ballhausplatzes, und als richtiger Nachtmensch – die vielen Briefe an seine jeweilige »amie du coeur« schrieb er in den ersten Morgenstunden – empfing er, Gesellschaftliches elegant mit den Pflichten seines hohen Amtes verbindend, regelmäßig noch am späten Abend. Dafür gibt es einen hier unbekannten Gewährsmann, den amerikanischen Gelehrten George Ticknor, der Bildungsreisen durch Europa unternahm und als »Fremder von Distinction« überall Zutritt zu den Mächtigen und den Geistesgrößen fand. Er war ein politisch interessierter Kopf, eher nüchtern und realitätsbezogen, ein penibler Registrator seiner Erlebnisse, sogar auf die Uhrzeiten bedacht wie ein Bahnhofsvorstand, also entspricht er so ziemlich der Wunschvorstellung des Historikers von einem zuverlässigen Augenzeugen. In seinem 1876 publizierten Werk »Life, Letters and Journals«, einer

Sammlung hinterlassener Aufzeichnungen, steht unter dem Datum des 20. Juni 1836 folgende Schilderung:
»Um halb zehn Uhr abends fuhr ich mit dem bayerischen Gesandten Baron Lerchenfeld nach Schönbrunn, um den Fürsten Metternich zu besuchen. Um punkt zehn Uhr erreichten wir das Ufer des schmalen Gerinnes der Wien und vor der Brücke blickten wir hinüber zum weitläufigen Schloß Schönbrunn, in dem alle Räume strahlend erleuchtet waren, da sich nicht nur der Kaiser (Ferdinand) dort aufhält, sondern auch der König von Neapel und Marie Louise zu Besuch weilen. Gleich darauf rollten wir in rascher Fahrt durch den Ehrenhof und strebten dem anderen Teil des Parkes zu, bis wir vor dem Portal des Staatskanzlers anhielten, er bewohnt ein schönes großes Haus, das ihm der verewigte Kaiser (Franz I.) überließ. Auf der Treppe waren keine Lakaien und Domestiken zu sehen und in der Vorhalle nur sehr wenige ...
In einer Ecke des großen ersten Salons erblickten wir den in ein Gespräch vertieften Fürsten. Er erhob sich, um uns mit einigen freundlichen Worten zu begrüßen und bat den Bayern, mich in den mittleren Salon zu führen und der Fürstin vorzustellen. Diese saß in einem Fauteuil, in schlichter Halbtrauer, emsig mit einer Handarbeit beschäftigt, welche die Damen, wie ich glaube, Wollstickerei nennen. Sie ist recht hübsch, einunddreißig Jahre alt und die dritte Gemahlin des Fürsten, doch sie schien niedergeschlagen und führte die Nadel offenbar nur, um sich abzulenken. Bei der Begrüßung war sie keineswegs bloß höflich, sondern von großer Liebenswürdigkeit. Sie sagte, ihr Gemahl habe ihr bereits mitgeteilt, daß ich kommen würde, dann befragte sie mich über Boston, die Vereinigten Staaten, etc. etc. Die Liberalen in Europa möge sie gar nicht, aber in Amerika sei das ganz anders, dort sei die Regierung demokratisch, da habe ein Mann die Pflicht, demokratisch zu sein usw., usw. Andere Personen traten ein, und ich wurde ihnen vorgestellt: dem Kriegsminister Graf Hardegg, dem Polizeiminister, dem hannoverschen Gesandten Bodenhausen, dem Gesandten von Hessen-Kassel Steuber und noch einigen, deren Namen ich nicht verstand ...
Auch traf ich Graf Bombelles an, den ich 1818 als österreichischen Chargé d'affaires in Lissabon kennengelernt hatte und

der nun hier ein großer Mann in sehr angenehmer Position ist, als Erzieher der jungen Erzherzöge, welche die präsumtiven Thronerben sind, da der Kaiser keine Kinder hat. Bis jetzt eine Sinekure, denn der älteste (Franz Joseph) zählt noch nicht einmal sieben Jahre. Bombelles ist mit einer Engländerin verheiratet, spricht ausgezeichnet Englisch und war sehr zuvorkommend. Außer einer russischen Fürstin und ihrer Tochter waren keine Damen anwesend. Um etwa halb elf Uhr befanden sich ungefähr dreiundzwanzig Personen im Raum und überall wurde sehr angeregte Konversation gepflegt ...
Fürst Metternich wurde häufig wegen Staatsgeschäften hinausgebeten und oft auf recht mysteriös wirkende Weise in die eine oder andere Ecke des Salons entführt. Als er zum erstenmal nach meiner Ankunft den Raum betrat, kam er auf mich zu und richtete sehr höflich, indes formell das Wort an mich. Später kam er wieder und befragte mich, was ich in Wien gesehen hätte, wählte als Thema das Polytechnische Institut und sprach etwa eine Viertelstunde lang ausführlich darüber. So sagte er, daß die ›élèves‹ bereits an der Spitze der wichtigsten Manufakturen des Reiches stünden, daß die Erzeugung nicht nur verbessert werde, sondern auch die Nachfrage nach höherwertigen Waren im Steigen begriffen sei, so daß die Besitzer der Manufakturen nun beharrlich eine Zollsenkung verlangten, mit der Begründung, sie würden lieber mit dem Ausland als mit Schmugglern konkurrieren. Die österreichische Regierung, so fuhr er fort, halte den Zoll keineswegs als eine fiskalische Maßnahme aufrecht, sondern nur zum Schutz und zum Ansporn der Erzeuger. Dieses System sei zu Zeiten Kaiser Josefs II. eingeführt worden, wäre er selbst damals Minister gewesen, dann hätte er davon abgeraten, allein, es sei nicht zu bestreiten, daß es seinen Zweck erfüllte und Österreich zu einem Industrieland machte. Dies war an jenem Abend das einzige Gespräch, bei dem der Fürst nicht den Ton einer mehr oder weniger offiziellen Unterredung anschlug, was zur Folge hatte, daß schon vom Beginn der Konversation an auch andere zuhörten, und noch bevor sie beendet wurde, hatte sich die halbe Gesellschaft um uns geschart. Er sprach sehr gut, eben wie ein Staatsmann, immer auch in der Art eines Menschen, der es gewohnt ist, Macht auszuüben, so daß ihm eine Ausstrahlung von Autorität etwas voll-

kommen Natürliches wurde ... Etwa um elf Uhr ließ die Fürstin den Tee servieren. Um ein Viertel nach zwölf war ich wieder daheim. Auf unserer Rückfahrt erwähnte ich zu Baron Lerchenfeld, daß mir an der Fürstin eine tiefe Betrübnis aufgefallen sei. Diesen Eindruck erklärte er mir damit, daß sie vor zwei Wochen ihr jünstes, erst drei Monate altes Kind verloren hatte. Doch ihr Salon ist so eng mit der Regierung verbunden, daß sie genötigt war, schon vier Tage danach wieder ihren Platz einzunehmen und Gäste zu empfangen. In der vorigen Woche reiste der Fürst mit ihr auf ein Landgut in Ungarn, um ihr ein wenig Erholung zu bieten. Aber nun sind beide wieder hier, an ihre Ruder gekettet.«

Und am 28. Juni trug Ticknor in sein Tagebuch ein: »Am frühen Abend fuhr ich nach Hietzing, dem lieblichen Ort am Rand des Schönbrunner Parks, und stattete dem alten Baron Eskeles einen Besuch ab, einem jener reichen Bankiers, die in der Ära Metternichs geadelt wurden. Er hat ein schönes Landhaus und einen weitläufigen Garten. Etwas vor zehn Uhr begab ich mich zu Fürst Metternich.«

Das Kaiserstöckel blieb Sommersitz des jeweiligen Außenministers. Zweimal hatte der Bau, am Rande, Anteil an schicksalhaften Ereignissen der mitteleuropäischen Geschichte. Den Krieg von 1866 verloren nicht nur Österreich, Sachsen, Bayern und die anderen süddeutschen Staaten, sondern auch Hannover. Da die Preußen das Königreich annektierten, ging sein Herrscher, Georg V., nach Österreich ins Exil und nahm vorübergehend im Kaiserstöckel Aufenthalt. Wenige Jahre später waren die Beziehungen zwischen dem neuen Deutschen Reich und der Habsburgermonarchie so weit gebessert, daß Kaiser Wilhelm I. anno 1873 Wien einen für die Bündnispolitik der folgenden Zeiten sehr bedeutsamen Besuch abstattete. Sein wichtigster Begleiter war Fürst Bismarck. Nun wurde er im Kaiserstöckel einquartiert. Vor einem Festbankett in Schönbrunn hatte der österreichische Historiker August Fournier Gelegenheit, den Reichskanzler zu sehen »wie er hoch und stark, in Kürassieruniform gekleidet, aus dem Portal heraustrat, um ins Schloß zu fahren. In dem Abenddämmern ein bleibender Eindruck.« Franz v. Lenbach hätte diesen Augenblick eines mit Sinn fürs Heroische inszenierten Auftritts malen können ...

Der k. u. k. Minister des Äußern Leopold Graf Berchtold scheint nicht auf den Schönbrunner Sommersitz reflektiert zu haben. Er blieb lieber in seinem eigenen Palais bei der Strudlhofstiege, und so hielt er dort und nicht im Kaiserstöckel einige der weltgeschichtlich entscheidenden Konferenzen ab, während jener schwülen Wochen zwischen dem Attentat von Sarajewo und dem Ultimatum an Serbien ...

In den zwanziger Jahren hatte sich im Kaiserstöckel, wie man in den damaligen Wien-Führern liest, »ein elegantes und mondänes Café-Restaurant mit Bar usw.« etabliert. Schließlich zog das Postamt Hietzing dort ein. Ungefähr so wie ein Divisionsstab, der samt allem technischen Gerät in einem geräumten Schloß auf der Vormarschroute Quartier nimmt. Nur friedlicher, aber – permanent. Der Dienstbetrieb muß ordnungsgemäß laufen, oder wie man zu sagen pflegt, abgewickelt werden. Da verflüchtigt sich die historische Aura. Doch ein schöner theresianischer Kachelofen und Stuckdekor in der Beletage wecken heimliche Hoffnungen auf eine vielleicht doch irgendwann aktuell werdende günstigere Neuwidmung.

Was ist also ein Stöckel? Ein Stück geschichtlicher Architektur? Gewiß. Aber noch mehr: eine Vignette des österreichischen Kosmos, eine gleichsam anekdotische Bauidee, manchmal mit Pointen von tieferer Bedeutung. Dies war, im doppelten Sinn, einmal en passant am Rande zu bemerken ...

Das Schönbrunner Kaiserstöckel zur Zeit des Kaisertreffens anno 1873.

Fast wie Goethes Weimarer Gartenhaus: das Direktorenstöckel.

Ehrengast am Klavier: der junge Frédéric Chopin.

Gastgeber und Mäzen: Johann Malfatti Edler von Montereggio.

Soirée im Malfatti – Schlössel

Frédéric Chopin zu Gast auf dem Küniglberg

»Meine vielgeliebten Eltern und Schwestern! Glücklich, fröhlich, wohlbehalten, ausgezeichnet, ja beinahe bequem sind wir gestern in Wien angelangt. Von Krakau aus fuhren wir mit dem Separatwagen besser, als wir mit einem eigenen Wagen hätten fahren können. Die schönen Gegenden Galiziens bis Bielitz, dann Oberschlesiens und Mährens haben uns die Reise umso angenehmer gestaltet, als der nur nachts zuweilen niedergehende Regen uns von dem abscheulichen Staube befreit hat.«
Der Brief, der so beginnt, ist nach Warschau adressiert, an Monsieur Nicolas Chopin samt Familie. Im Sommer 1829 hatte der nach Polen eingewanderte und dort seßhaft gewordene Franzose seinen neunzehnjährigen Sohn auf die weite Reise geschickt. Eigentlich wollte er dem Filius zu diesem Zweck ein Staatsstipendium erwirken. Um die Summe von 5000 Gulden bewarb sich Chopin senior, immerhin war Frédéric ein sehr beachtliches Pianistentalent und fand auch bereits mit eigenen Kompositionen Anklang. Aber die russischen Behörden – Polen gehörte damals zum Zarenreich – zeigten sich desinteressiert und erteilten dem Gospodin Nicolas Chopin den Bescheid, für Künstler dieser Art könnten öffentliche Gelder nicht verschleudert, jawohl, ausdrücklich: »nicht verschleudert« werden.
Solch brüske Ablehnung reizte den gallischen Stolz des Vaters. Parbleu, von den Moskowitern wird er sich nicht beschämen lassen! An der leidigen Geldfrage sollte der Plan nicht scheitern, seinem Frédéric den Weg nach Wien, ins Mekka der Musik, zu ebnen. Nicolas Chopin macht's möglich. Irgendwie beschafft er das nötige Reisekapital. Und so geschieht es, daß sich der junge Herr aus Polen bald darauf mit mehreren Empfehlungsbriefen im Gepäck und in Gesellschaft dreier Freunde in der fremden Stadt zunächst einmal umsehen kann. Sie gefällt ihm und er hofft, daß sie sein »Sprungbrett in die Welt« sein werde. Deshalb sucht er gleich den prominenten Musikverleger Haslinger auf.
Dieser empfängt den elegant ausstaffierten Warschauer Gast auf das liebenswürdigste. Ja, ja, er erinnert sich sehr gut, Cho-

pin hat ihm vor kurzem einige eigene Kompositionen geschickt, gleichsam als künstlerische Visitenkarte. Respekt, Respekt! Er, Haslinger, werde die Piècen gern veröffentlichen, in seiner »Odeon«-Reihe zeitgenössischer Klavierwerke. Statt eines Honorars-Akontos gewährt er dem hoffnungsvollen Talent vorderhand einmal das Epitheton »Neuer Stern des Nordens«. Das kann man als einen poetischen Titel oder als eine Art biedermeierlichen Werbe-Slogan auffassen, klingen tut es auf jeden Fall.

Und noch etwas: Herr Haslinger, der nicht nur die Verhältnisse im Wiener Musikleben genau kennt, sondern natürlich auch ein sicheres G'spür fürs Geschäft hat, meint, Chopin müsse unbedingt selbst ein Konzert geben, sich dem Publikum persönlich vorstellen. Das werde die Verkaufschancen der gedruckten Noten beträchtlich heben.

Auch andere Zelebritäten der Tonkunst raten Chopin, bald aufzutreten. Er findet viele Kontakte, bedauert aber, daß er zu spät nach Wien gekommen ist, um Beethoven wenigstens noch zu sehen oder mit Schubert sprechen zu können. Er lernt einige tüchtige, ja sogar vortreffliche Künstler kennen, die ihm alle sehr freundlich begegnen. Der Komponist Adalbert Gyrowetz etwa ist unter ihnen, dann der Geiger Ignaz Schuppanzigh, als Instrumentalist eine Säule der Wiener Musik, oder der deutsche Romantiker Konradin Kreutzer, dermalen Kapellmeister am Kärntnertortheater. Auch alte Getreue aus den Kreisen Schuberts und sogar noch Mozarts, wie Franz Lachner und Ignaz Xaver v. Seyfried.

Chopin berichtet nach Hause: »Man bürgt mir dafür, daß gegenwärtig der geeignetste Zeitpunkt sei, weil die Wiener nach neuer Musik lechzen. Für einen jungen Musiker schicke es sich nicht, eine solche Gelegenheit ungenutzt zu lassen. Wohin ich mich nur wende, redet man mir eindringlich zu, etwas zu Gehör zu bringen.«

Mit großzügiger Geste bietet ihm Graf Gallenberg die Möglichkeit einer »Musikalischen Akademie« im Kärntnertortheater, das er leitet. Noblesse besitzt dieser Aristokrat gewiß, aber ein Finanzgenie ist er nicht. Er laviert halt so – und darum endet sein verlockendes Angebot mit der en passant eingeflochtenen Bedingung: ein Honorar dürfe der Komponist und Interpret freilich nicht erwarten, die momentan angespannte Lage, nun ja, und so weiter, compriez? Die ganze Veranstaltung wäre eine Werbeaktion in eigener Sache, wie man heute sagen würde. Schließlich hat der junge Mann bisher nur in seiner Heimat konzertiert. Jetzt kommt es darauf an, sich auch im Ausland einen Namen zu machen. Kurzum: Chopin akzeptiert die bargeldlose Regelung. Und die Hochachtung, die man ihm als einem Protegé Gallenbergs entgegenbringt, wiegt manches auf. Stolz meldet Frédéric den Seinigen: »Die Zeitungsmenschen schauen mich alle mit großen Augen an. Die Orchestermitglieder grüßen mich sehr devot, weil der Herr Operndirektor mit mir Arm in Arm geht. Ich gebe mich hier als Mann, dem es nicht um Geld zu tun ist, als Musiker aus Liebe zur Kunst.«

Am 11. August 1829 betritt Chopin die Bühne des Kärntnertortheaters. Ein Jüngling seiner Epoche, mehr noch: ein äußerst sensibel wirkender Jüngling, klein, schmal, fast ätherisch. Nur die scharf vorspringende Nase kontrastiert seltsam zu seiner ephebenhaften Erscheinung. Franz Liszt sagt später über ihn: »Sein ganzes Aussehen gemahnte an das der Asphodelen, an den schwanken feinen Stielen mit ihren so duftig gewobenen Kelchen, daß auch die leiseste Berührung sie verletzt.«

Das von Graf Gallenberg ausgewählte Programm ist nach damaligem Geschmack, d. h. ganz gemischt: Beethovens Ouvertüre »Die Geschöpfe des Prometheus«, dann Chopins eigene Variationen über »Reich mir die Hand, mein Leben«, einige Rossini-Arien und wieder Chopin mit Improvisationen über ein Thema aus Boieldieus Oper »Die weiße Dame«. Der Abend wird für den Debütanten ein voller Erfolg. Durch den begeisterten Applaus angefeuert, spielt er als Draufgabe ein polnisches Hochzeitslied, bei dem »die Leute in den Sitzreihen förmlich zu hüpfen begannen«.

Dieses Wiener Gratiskonzert ist der eigentliche Auftakt zu Chopins Pianistenkarriere. So unglaublich es klingt: Während seiner künstlerischen Laufbahn als einer der bedeutendsten Virtuosen der gesamten Musikgeschichte gefeiert, gibt er alles in allem nur etwa dreißig öffentliche Konzerte. »Vor dem Publikum bin ich befangen, weil mir der Atem all dieser Münder die Luft benimmt, weil mich die tausend neugierigen Augen lähmen und ich vor ihren fremden Gesichtern verstumme.« Bei seinem äußerst nervösen Naturell zieht er das Musizieren in der privaten Sphäre reicher Häuser vor, den Salon, in dem sich nur geladene Gäste um den Flügel versammeln. Davon wird noch zu erzählen sein.

Durch den fulminanten Publikumsbeifall und das sehr günstige Presse-Echo fühlt sich der Neunzehnjährige zu einer zweiten »Akademie« bewogen. Sie findet wenige Tage später statt, nämlich am 18. August 1829, wieder im Kärntnertortheater. Und abermals nur um die Ehre und den ideellen Lohn. Als »Grafen mit der leeren Tasche« bezeichnet Chopin den insolventen Prinzipal Gallenberg. Von seinem »Rondo à la Krakowiak« für Klavier und Orchester verspricht sich der Komponist einige Wirkung. Bravourös spielt er es und erlebt einen neuerlichen Triumph. Mit den gedruckten Würdigungen kann er zufrieden sein, das Individuelle seiner eigenen Tonschöpfungen wird gebührend hervorgehoben. In freudiger Selbstironie schreibt Chopin nach Warschau: »Die Leute bewundern mich, und ich bewundere sie, weil sie mich bewundern!«

Schon am Tag nach diesem Konzert feiert er mit den neuen Freunden Abschied, stilgerecht wienerisch im Kaffeehaus. Gyrowetz, Lachner, Kreutzer, die ganze Corona, begleiten ihn bis zum Reisewagen. Der größte Wunsch, den sie ihm auf die Fahrt mitgeben, lautet: Wiederkommen, und zwar recht bald! Das verspricht Frédéric gern, ehe er sich, von der Gemütsbewegung der Trennung und den herzlichen Umarmungen ein wenig ermattet, in die Polsterung der Postkutsche zurücklehnt, die ihn in Richtung Prag entführt.

Es ist November 1830, als Chopin mit seinem Landsmann Titus Wojciechowski neuerlich in Wien eintrifft. Kaum haben sich die beiden hier einigermaßen häuslich eingerichtet, bricht in Warschau der Aufstand gegen die Russen aus, ein politisches Ereignis, das den jungen Künstler in tiefste Verzweiflung stürzt. Wojciechowski kehrt sofort zurück. Auch Chopin, der begeisterte Patriot, will unverzüglich nach Polen reisen, weiß aber nur zu gut, daß er nicht zum Soldaten taugt. Wenigstens als Tambour möchte er mitstürmen! Einsam an seinem Klavier, innerlich aufgewühlt, beschwört er Erinnungen an die österreichisch-polnische Waffenbrüderschaft von 1683 herauf: »Wenn ich könnte, ich wollte all die Töne aufbieten, die mir aus grimmigem, in

blinder Wut entflammtem Herzen strömen, die Lieder zu erahnen, deren ferner Widerhall noch um die Donauufer schweift und die das Heer des Königs Johann Sobieski sang.«
Dazu kommt noch die bedrückende Gewißheit, daß der prächtige alte Ignaz Schuppanzigh, »Lord Falstaff«, wie ihn Chopin liebevoll nennt, bereits sterbenskrank ist. Manche der Freunde aus dem Vorjahr haben inzwischen die Stadt verlassen, der abenteuerliche Graf Gallenberg mußte, wie schon vorauszusehen war, nach vielen katastrophalen Finanzmanövern unrühmlich aus dem Direktionsbüro des Kärntnertortheaters abgehen. Chopin logierte damals im 4. Stock des alten Hauses Kohlmarkt 9, das dann im Jahr 1900 demoliert wird. »Am wohlsten ist mir zumute, wenn ich mich auf meinem Instrument so recht sattgespielt habe.« Gegen Abend legt er Gesellschaftstoilette an und besucht Empfänge des Adels oder des gehobenen Bürgertums. Seine Stimmung wechselt, doch wenn ihn jenes Übel anwandelt, das man zu seiner Zeit in Wien die Mieselsucht nennt, eine etwas feinere, elegischere Form des Grants und der Z'widerwurzigkeit, dann weiß er sich bald eine wirksame Kur, mit den homöopathischen Mitteln pastoraler Eindrücke: »... hinwieder gibt es Tage, an denen man aus mir nicht zwei Worte herausbringen kann, vergeblich sich bemüht, mir Zuspruch zu spenden. Dann fahre ich gewöhnlich für 30 Kreuzer nach Hietzing oder sonst in die Umgebung Wiens, um mich zu zerstreuen. Neulich fuhren wir nach St. Veit hinaus, das ist ein köstlicher Ort!«
Während jener Zeit tritt der junge Herr aus Polen nur ein einziges Mal öffentlich auf, und zwar bei einem Konzert im Redoutensaal am 4. April 1831. Das Programm ist wieder sehr gemischt, um nicht zu sagen rundweg zusammengestoppelt. Außer dem Warschauer Gast wirken als Interpreten ein paar Sänger mit, auch zwei Geiger und zwei Hornisten. Zudem ist der Saal nur schütter besetzt, ein lustloses Abhaspeln der Nummern auf dem Podium – ach, Schwamm drüber.
Umso reicheres Wirken entfaltet Chopin im Kulturkreis seines vornehmsten Wiener Protektors: es ist Dr. Johannes Malfatti Edler von Monteregio, einstiger Leibarzt des Herzogs von Reichstadt und späterer Begründer der Gesellschaft der Ärzte, einer der bedeutendsten Mediziner der Epoche des Kaisers

Franz I. Jahrelang zählte der hochgebildete, sehr musische Mann auch zu den engsten Vertrauten Beethovens.
Der große Herr besitzt eine klassizistische Villa auf dem gegen Hietzing zu abfallenden Hang des Küniglberges, das »Malfatti-Schlössel«, ein leider schon längst abgetragenes Tusculum (auch dem viel pompöseren Nachfolgebau, der »Taussig-Villa«, war nur eine relativ kurze Existenz beschieden). Dort, nach damaligen Begriffen »auf dem Lande«, empfängt der Hausherr im Mai 1831 Chopin zum erstenmal. Der Besucher, Hietzing ja besonders zugetan, weiß sich vor Freude kaum zu fassen. Vor allem der prachtvolle Garten versetzt ihn in helles Entzücken.
»Als wir auf der Höhe des Berges standen, wollten wir gar nicht wieder hinabsteigen«, berichtet Chopin dem chèr Papa. »Auf der einen Seite sieht man Wien zu seinen Füssen liegen und zwar so, daß man glauben könnte, es sei mit Schönbrunn verbunden. Von der anderen Seite blickt man auf hohe Berge, auf denen Klöster und Dörfer malerisch verstreut sind. Bei diesem romantischen Panorama vergißt man vollkommen das geräuschvolle Treiben und die Nähe der Kaiserstadt.«
Im Malfatti-Schlössel spielt Frédéric oft bei privaten Soireen. Der schlanke elegante junge Mensch mit seiner Ausstrahlung von östlicher Melancholie und poetischer Verklärung ist die Zentralgestalt figurenreicher Gesellschaftsszenen im Stil und Kolorit von Bildern der Wiener Genremaler seiner Zeit. Zum Höhepunkt dieser glücklichen Wochen wird ein Sommerfest. Die Schilderung der Eindrücke, getragen vom Atem unmittelbaren Erlebens, klingt wie eine in Worte gefaßte Chopin-Phantasie:
»Jetzt will ich euch den Salon beschreiben, in dem wir uns befanden. Hohe, von oben bis unten geöffnete Fenster gehen auf die Terrasse, von welcher man einen prachtvollen Überblick über ganz Wien hat. An den Wänden große Spiegel, gedämpfte Beleuchtung, desto größere Wirkung brachte das durchs Fenster hereinfallende Mondlicht hervor. Die Zuhörer standen auf der Terrasse und lauschten unserem Konzert. Wie Perlensäulen stiegen die Fontänen empor, der Duft der Orangerie erfüllte die Luft – es war eine bezaubernde Nacht in herrlicher Umgebung.«
Der »prächtige Malfatti«, wie ihn Frédéric nennt, berät den

jungen Freund auch bei dessen weiteren Plänen. Das nächste Ziel ist Paris. Am 20. Juli 1831 reist Chopin ab. Er wird Frankreich bis zu seinem frühen Tod nie mehr verlassen. In der Melodie seines Lebens bleibt der Hietzinger Sommernachtstraum ein Intermezzo andantino e giocoso.

Schauplatz sommerlicher Soireen: das Malfatti-Schlössel auf dem Küniglberg.

»Plötzlich stand sie vor mir ...«

Der Grieche Konstantin Christomanos begegnet Kaiserin Elisabeth

Zwei Studenten aus angesehener griechischer Familie als Untermieter in einem Zinshaus der Alser Straße, inmitten eines kleinbürgerlichen Dutzendmilieus vor der Wiener Jahrhundertwende. – »Wir lebten einfach und ruhig, die ganzen langen Abende in unsere Bücher vergraben. Wenn wir die Fenster öffneten, die auf einen Hof gingen, der still und tief wie ein Abgrund war, drang über die Dächer abgeschwächt und verworren das Geräusch der Straße zu uns her und dann und wann ein leiser Duft von Blumen aus irgendeinem unsichtbaren Garten oder vielleicht von den Blumentöpfen, die uns gegenüber ein mageres blondes Mädchen täglich begoß.«

Diese beiden Brüder Christomanos beherrschen das Deutsche wie ihre Muttersprache. Anton, immer mit medizinischen Skripten, Anatomieatlanten und chemischen Tabellen beschäftigt, sollte später in Athen Universiätsprofessor und sogar Minister werden. Aber auch mit Konstantin, dem Kandidaten der Philosophie, hat das Schicksal einiges vor. Und zwar sehr bald. So klopft es eines Tages in dem bescheidenen Quartier an, das Schicksal. In Gestalt eines Lakais, dessen noble Livree sich in der dürftigen Behausung der jungen Herren Hellenen sonderbar genug ausnimmt. Dabei hat man ihn nur hergeschickt, um einen Brief zu überbringen.

Aber dieses Schreiben stammt von Nikolaus Dumba persönlich, dem großen Dumba, Mäzen, Vizepräsident der Gesellschaft der Musikfreunde und einer der reichsten Männer Wiens. Zwischen Makart-Gemälden und frühen Talentbeweisen Klimts residiert er in seinem Palais am Parkring. Dieser Grandseigneur, in seiner äußeren Erscheinung eine Mischung aus Göttervater, Ringstraßenkavalier und Metropolit, ist selbst griechischer Abkunft und sogar entfernt mit der Sippe der Christomanos verwandt. Ein Herr seines Formats bemüht für Korrespondenz innerhalb der Stadt eben nicht die Post. Noch dazu, wenn es sich um eine wichtige Angelegenheit handelt.

»In dem Brief stand schwarz auf weiß, daß einer von uns beiden sich sofort zum Obersthofmeister Ihrer Majestät der Kaiserin in die Hofburg begeben solle, weil Ihre Majestät einen jungen Griechen brauche, der ihr griechischen Unterricht erteile und mit ihr mehrere Stunden promeniere.«
Zunächst können die Brüder diese völlig unerwartete Wendung kaum fassen. Die Kaiserin ist für sie, wie für die meisten Wiener, eine in geheimnisvollen Fernen verschwebende Silhouette, ein Marmorbild in einem Zaubergarten, zu dem niemand Zutritt hat. Anton Christomanos meint, für eine solche Verpflichtung käme natürlich nur Konstantin in Frage, aber der wehrt entsetzt ab.
»Bist du von Sinnen? So jemand muß stundenlang mit ihr spazierengehen. Sie denkt dabei gewiß an einen olympischen Läufer. Und ich, mit meiner Gestalt –!«
Der Philosophie-Dissertant ist nämlich verwachsen, sein ausdrucksvoller Kopf mit den melancholischen dunklen Augen sitzt auf einem unförmig verkürzten Rumpf. Mit Argumenten, die dem Mediziner Anton einleuchten müssen, gelingt es Konstantin, ihn zu überzeugen. Als bald darauf ein Hofwagen vorfährt, um den neuen Griechischlehrer in die Lainzer Hermesvilla zu bringen, ist das in der Alser Straße eine große Sensation. Alle Leut' rennen zusammen, aus der Konditorei und den Geschäften kommen sie gelaufen. Was ist los, was gibt's denn da? Ein Wachmann mit Pickelhaube und silbernen Kragenlitzen muß für Respektabstand sorgen. Nur net die Allerhöchsten Rösser scheu machen!
Tief beeindruckt kehrt Anton Christomanos gegen Abend zurück. Die Kaiserin sei in Wirklichkeit noch viel schöner als auf den Bildern, und sie habe ihn sehr huldvoll empfangen, berichtet er. Beide Brüder sind so aufgeregt, daß sie – ganz seltene Ausnahme – einmal die Bücher sein lassen und bis spät in die Nacht im Kaffeehaus über dieses Erlebnis sprechen. Am nächsten Morgen erscheint, gleichsam als weiblicher Herold in Schlapfen, die Hausmeisterin. Von der Bedeutung ihrer Botschaft durchdrungen, verkündet sie: »Der Hofwagen is wieder da! Heut san's Schimmeln! Die lautere Seidn!«
Beim Spaziergang mit der Kaiserin gerät Anton in einen argen Regenguß. Am Kaminfeuer in der Hermesvilla erzählt er ihr

dann ausführlich von seinem Bruder und dessen hervorragenden Fähigkeiten, erwähnt auch, durch Elisabeths Interesse ermutigt, daß ihn selbst sein Studium sehr beanspruche. Bald darauf ist es entschieden: Konstantin wird seine Stelle einnehmen. Wie im Traum betritt Christomanos den sonst verschlossenen Lainzer Tiergarten. In der Nähe der Villa soll er warten. Symbolisch für sein Wesen: neben einem blühenden Mimosenstrauch. »Plötzlich stand sie vor mir, ohne daß ich ihr Kommen gehört hatte – eine schlanke, schwarze Frau. Ihr Kopf hob sich vom Hintergrund eines weißen Schirms ab, durch den die Sonnenstrahlen drangen. In der Linken hielt sie einen schwarzen Fächer, leicht an die Wange geneigt. Ihre Augen fixierten mich goldhell, den Linien meines Gesichtes folgend, wie belebt von dem Wunsch, etwas darin zu entdecken. Hatten sie gefunden, wonach sie suchten?«

Drei Stunden wandern sie durch den Wildpark. Konstantin ist verzaubert. Die Gegenwart dieser faszinierenden Frau und die Leuchtkraft des Frühsommertags, Naturstimmungen- und Gedankenspiele, Fernblicke über die Landschaft, Wechsel von Licht und Schatten, alles fließt für ihn zu einer Feerie einmaliger Momente zusammen, wird diesem Schwärmer aus dem Fin de siècle zu einer Folge unvergeßlicher Bilder.

»... in das blaue Geheimnis des Waldes. Dieses Wandern zwischen den hellen Stämmen der Birken und Buchen, in die violetten, fast körperlich greifbaren Märchenschatten hinein. Und plötzlich ein großer alleinstehender Baum, von dem ein Jubilieren in die Stille ausging, die ganze Krone singend, ein einziges Orchester von kleinen Vögeln. Dann von einer freien Anhöhe aus das endlose Ineinanderfließen der Laubwellen. Und hinter dem Waldgehege die offene Landschaft, grünend in weite Wiesen bis zu einer Allee von dunklen Bäumen ... Und weiterhin, am Ende des Horizonts, ein Dunst wie schattiges Blut, schwanger von Geschicken, auf Wien brütend.«

Auf einen unbefangenen Beobachter freilich könnte das Bild dieser beiden Menschen grotesk wirken, als habe sich ein unsichtbarer Regisseur mit diesem Auftritt einen grausamen Spaß geleistet: Elisabeths hohe, federnde Reiterinnenfigur läßt ihren buckligen Begleiter schier zwergenhaft erscheinen. Wäre diese Begegnung nicht durch rein geistiges Bestreben herbeigeführt,

sie ergäbe wahrlich ein Motiv frivolen Neo-Rokokos à la Aubrey Beardsley, eine Impression wie aus Oscar Wildes schwarzem Königshofmärchen »Der Geburtstag der Infantin«.
Von ihren vielen Reisen nach Hellas beherrscht die ungewöhnlich polyglotte Kaiserin das Neugriechische bereits ziemlich gut. Es ist ja nicht an einen Unterricht im nüchternen Sinn der Aneignung von Grammatik und Vokabeln gedacht, sondern an den Kontakt mit einem gebildeten, wesensverwandten Gesprächspartner, der Anregungen gibt, die Elisabeths eigener Persönlichkeit entgegenkommen.
»So waren mir die Stunden einer fast irrealen Doppelexistenz verflogen«, schreibt Christomanos. »An jenem Abend hatte mich mein prächtiger ›Seidenwagen‹, von großen weißen Pferden wie im Flug gezogen, aus dem Waldschloß entfernt. Dann kam ich in die Stadt zurück, unter die vielen beladenen Menschen und endlich zu meiner Wohnung ... So erwachte ich in dieser Zeit eigentlich erst als der Tag zu Ende ging, um am nächsten Morgen im hellen Sonnenlicht wieder in mein Märchen mich zu begeben. Jene Periode meines Lebens ist für immer in einen Schimmer übersinnlicher Poesie eingehüllt.«
In hymnischen Schilderungen hält Konstantin seine Eindrücke von der Kaiserin fest, oft in übersteigertem Ton, er treibt mit ihr förmlich einen Seelenkult, erhebt sie zur Anbetung auf einen weltlichen Altar. In seinem Wortprunk liegt manchmal eine orientalische Leuchtkraft, wie von byzantinischen Mosaiken oder den Teppichen und Geschmeiden eines Serails. Es ist, als habe dieses hochgezüchtete Naturell einer in Schönheit sterbenden Spätkultur nur darauf gewartet, sich ganz auf diese seltsame Frau und die Schwingungen ihrer Psyche einzustimmen. Diese Elisabeth ist von gleichsam entmaterialisierter Weiblichkeit, eine Nobilissima Visione, ein Fabelwesen.
Darin spricht sich der Zeitgeist aus, der weit über die Grenzen Österreichs hinaus Elisabeth zur Allegorie einer ganzen Empfindungswelt unruhig suchender Seelen verklärt. Anton Romako, der große künstlerische Einzelgänger der Ringstraßenepoche hat sie in solch geheimnisvoller Entrückung eines »imaginären Porträts« gemalt, und kurz nach 1900 erwähnt der Biograph des belgischen Malers Fernand Khnopff, eines der Hauptmeister des Symbolismus, die Gestalten auf den Bildern

dieses Künstlers seien »erlesene heroische Seelen, deren auserkorene Heldin keine andere als Elisabeth von Österreich sein kann.«

Bald bekommt der Vorleser sogar ein Appartement im Leopoldinischen Trakt der Wiener Hofburg zugewiesen. Wenn er ausfährt, leistet die Wache die Ehrenbezeigung. Konstantins Stellung in der Hierarchie ist zwar nicht genau definiert, aber man kann ja nie wissen. Als Randfigur des Hofstaates erwirbt er sich allerdings mehr Antipathien als Sympathien. Der soldatischen Umgebung des Kaisers geht dieser sentimentale Esprit-Zerstäuber einfach auf die Nerven. Man sieht den schwarzen Buckligen nicht gern zwischen Waffenröcken und Livreen und argwöhnt, daß er sich eine Machtposition erschleichen will. Aber Franz Joseph hat sich ja schon längst damit abgefunden, daß seine Gemahlin egozentrisch nur mehr ihren eigenen Lebensgesetzen folgt.

Begeistert und voll Staunen hört Christomanos, wie Elisabeth Gesänge der Odyssee aus der deutschen Nachdichtung mit stupendem Sprachgefühl ins Neugriechische überträgt. Sein Gebrechen überwindend, hält der sonst so rasch Ermüdende mit der Ruhelosen Schritt, wenn sie durch den Schönbrunner Park streifen.

»Wir sind heute, den ganzen Nachmittag hindurch, ausschließlich jene beiden von zwei Seiten zum Gloriet so sanft aufsteigenden Wege auf- und niedergegangen. Graue, müde Stunden. Der Himmel wie von Asche. Die Bäume froren. Die abgefallenen Blätter in dichten Schichten unter den Bäumen, wie verwelkte Gedanken und verschollene Freuden ... Die Luft war unbeweglich und schwer wie stehendes Gewässer. Wir gingen, ohne zu sprechen, immer dieselben Wege auf und nieder, einen Kreis um das Symbol des Gloriets schließend.«

Gemahnt diese Wiedergabe in ihrer Melancholie an eine düster angelegte Radierung, so verwandelt sich eine andere Schönbrunner Impression, dem Autor unbewußt, in eine hingeschriebene Jugendstilzeichnung:

»Überall Schnee. Die schwarze Gestalt auf der weißen, öden Fläche, langsam wandelnd, anscheinend ohne Ziel, wie um bloß das weiß Ruhende der Fläche in der schwarzen senkrechten lebenden Linie zu konzentrieren. Auch all diese Hermelinreinheit verkörpert sie in ihrer schwarzen Schlangenlinie und dieselbe Atmosphäre von Kristall erfüllt ihre Seele.«

Die Gespräche drehen sich um die Lyrik Carmen Sylvas, der aus dem Rheinland gebürtigen Königin Elisabeth von Rumänien, um die neue Kunst der englischen Ästheten, um Lektüre – wie seltsam, daß sich die Kaiserin auch für Horrorliteratur interessiert, etwa Florence Marryats Roman »The Blood of the Vampire« sehr schätzt, ja sogar Geschichten über die sizilianische Mafia einiges abgewinnt! Gleich darauf ist von philosophischen Fragen die Rede und von der Welt des Mittelmeeres.

Was läge näher, als daß der Grieche Elisabeth nach Korfu begleite, in das Achilleion? Für Christomanos bedeuten diese Wochen die Verwirklichung seiner kühnsten Wünsche. Zusammen mit der Kaiserin lernt er auch andere Zonen kennen: Madeira, Algier, die französische Riviera und Miramar. »Das Schloß erfüllt mit der dunklen Trauer der Vereinsamung«, notiert er an einem Märztag in Miramar. »Wundervolle geschnitzte Treppen, nachgedunkelte Bilder von spanischen Habsburgern, Don Juan-Gestalten mit Fieber in den Blicken; schwermütige Augen gebrechlicher Infantinnen. Mein Zimmr im großen Turm mit dem Ausblick auf die Unendlichkeit des Meeres. Weiße Möwen wie unruhige Träume vor meinen Fenstern mit lautlosem Flügelschlag kreisend.«

Wer hörte da nicht die Musik Debussys heraus?

1893 verleiht der Kaiser dem Hellenen den Franz-Josephs-Orden – sehr früh, wenn man bedenkt, daß Christomanos damals erst sechsundzwanzig Jahre alt ist. Aber die Auszeichnung hat mehr oder weniger den Sinn einer noblen Abschiedsgeste, denn bald darauf endet die Verpflichtung des Vorlesers.

Konstantin, der nun bereits den Doktortitel trägt, bewirbt sich um eine Anstellung in der Hofbibliothek. Seine Gesuche werden abgelehnt. Als Universitätslektor bleibt er in Wien, schreibt auf deutsch symbolistische Gedichte und ein heute unlesbares lyrisches Drama »Die graue Frau« für Adele Sandrock, damals die gefeierte junge Heroine des Wiener Theaterlebens. Elisabeths Tod trifft ihn ins Herz. In einem Trauergesang klagt er: »Weh! Weh! daß die goldene Schale zerbrochen, worin die Strahlen der Sonne zusammenflossen!«

Bald darauf veröffentlicht er seine Aufzeichnungen und Remi-

niszenzen unter dem Titel »Tagebuchblätter« als literarisches Denkmal der Kaiserin. Sie erscheint darin in der rein subjektiven Sicht des Autors. Der Ausnahmsmensch, der sie war, wird zur Idealgestalt stilisiert, nicht selten spiegelt das Bild, das Christomanos entwirft, nur seine eigenen Empfindungen. Doch was diesem Porträt an prägnanten Zügen fehlt, das ersetzen die impressionistisch heraufbeschworenen Farben und Klänge, weshalb das eigenartige Werk zu den aufschlußreichsten Dokumenten der Psyche jener Epoche gehört. Lange Zeit abgetan und vergessen, nur wunderlichen literarischen Wünschelrutengängern und Proustschen Geistern »à la recherche de temps perdu« bekannt, wurde es vor einigen Jahren neu herausgegeben. Man kann die »Tagebuchblätter« wieder lesen, sozusagen auf Distanz. Dann nimmt man das »Stelzen-Deutsch ... aus dem Griensteidl-Seminar von 1895«, das der blitzgescheite Essayist Karl Tschuppik in den zwanziger Jahren so heftig kritisierte, als die persönliche Ornamentik eines Menschen, der sich wahrscheinlich so tief in eine Rolle hineingelebt hatte, daß er die Heldin und sich selbst aus ihr heraus neu erfand. »Wir spielen alle, wer es weiß, ist klug«, sagte sein Zeitgenosse Arthur Schnitzler. Zugegeben, Chistomanos wußte das nicht immer, so klug er war.
Damals freilich wurde das Buch sofort ein Sensationserfolg, weit hinaus über die Grenzen Österreichs ein Bestseller, nur bezeichnete man es noch nicht so. Für den Verleger, Herrn Moritz Perles aus der Seilergasse, a priori eine todsichere Sache. Hier sprach einer, der die rätselhafte Frau aus nächster Nähe gekannt hatte. Obwohl in den »Tagebuchblättern« keine, aber schon gar keine sogenannten Enthüllungen stehen – es gab nichts, was der exaltierte Schönheitssucher hätte verbergen müssen –, faßt das Kaiserhaus diesen Nekrolog als Indiskretion auf. Christomanos ist vollends zur Persona non grata geworden. Man läßt ihn wissen, es würde ihm nichts in den Weg gelegt, falls er sich zur Rückkehr in seine Heimat entschließen sollte.
Der mißgestaltete Ästhet begreift. Und geht. In Athen wirkt er bis zu seinem frühen Tod im Jahr 1911 als richtungsweisender Erneuerer des griechischen Theaters. Die Wege draußen bei der Hermesvilla beschreitet indessen der Kaiser. Von Verzauberung

spürt er nichts, er empfindet nur die Wehmut eines greisen Witwers. Da begibt er sich dann von Schönbrunn in den Lainzer Tiergarten. Manchmal, bei später Herbstsonne. Und folgt einsam den Fährten in die Vergangenheit, wie sich's für einen Waidmann geziemt: bis zum letzten Büchsenlicht.

Konstantin Christomanos, ein Schönheitssucher des Fin de siècle.

Kaiserin Elisabeth als Nobilissima visione.

Im Umkreis der Hermesvilla ergaben sich für Christomanos „Stunden einer fast irrealen Doppelexistenz“.

Die Strauß-Villa, Maxingstraße 18, wo das Schicksal in Dur und Moll spielte.

Johann Strauß wird adoptiert oder Familiäres in der »Fledermaus-Villa«

Seltsam! Da komponiert der Meister ein Wunderwerk musikalischer Naturpoesie wie die »Geschichten aus dem Wienerwald«, eine Pastorale im Dreivierteltakt – und ist selber kaum jemals zu einer Landpartie zu bewegen. Ihm genügt es vollauf, durch den Garten zu spazieren, als »Einsiedler in Glacé«, auf dem Kopf einen Strohhut, den er pittoresk mit Bändern, Blumen und Federn geschmückt hat wie ein bäuerlicher Hochzeiter. Aber er faßt das eher theatralisch auf. »Strauß ist Zimmer-, Salon-, Equipagenbewohner, er kennt kein pathetisches oder schwärmerisches Verhältnis zur Landschaft«, schreibt einer seiner besten Biographen, der angesehene Wiener Musikschriftsteller Ernst Decsey.

Ja, Johann Strauß ist ein Stadtmensch par excellence. Dennoch zieht er anno 1870 mit seiner Frau Henriette hinaus nach Hietzing, in das damals erst circa fünfundzwanzig Jahre alte Haus Hetzendorfer Straße 18. So lautet die Adresse zu seiner Zeit, wir kennen sie als Maxingstraße. Spielen freundliche Erinnerungen mit, die eine innere Verbindung zu diesem Ort schufen? Sein erstes öffentliches Auftreten im Etablissement Dommayer unten bei der Hietzinger Kirche, als ganz junger Kerl und »Rivale« des rappelköpfigen Vaters? Oder die Reminiszenz an sein Opus 79, den Walzer »Maxing-Tänze«, den er 1850 für den Erzherzog Ferdinand Max schrieb? Nun, bestimmend mag wohl eher ein günstiges Angebot gewesen sein, zudem die Nähe der kaiserlichen Residenz Schönbrunn und die Tatsache, daß auch mehrere Familien mit klingenden aristokratischen Namen Villen in Hietzing bewohnten. Die neue Anschrift entspricht also durchaus dem gebührenden Decorum des Hofballmusikdirektors Seiner Majestät.

Diese Entscheidung gibt Aufschluß über zwei hervorstechende Wesenszüge des Lieblings der Wiener. Er hat den ausgeprägten Sinn für solide Kapitalanlage in Realitäten. Das Ehepaar Strauß besitzt damals gemeinsam mehrere Zinshäuser in Wiener Bezir-

ken, erwirbt solche Objekte, verkauft manche dann wieder, um andere zu kaufen, immer unter dem Gesichtspunkt der Rentabilität.
Zudem ist Strauß, wie übrigens auch sein Bruder Josef, in hohem Maß auf offizielle Auszeichnungen und Ehrungen erpicht, er hat schon eine internationale Sammlung davon, gleich einem auf vielen Auslandsposten bewährten Diplomaten. Das rarste Stück ist gewiß der kaiserlich persische Löwen- und Sonnenorden, III. Klasse nur, aber immerhin. Während des Deutsch-Dänischen Feldzugs von 1864 hat er submissest gebeten, dem König Wilhelm I. von Preußen einen neuen Marsch widmen zu dürfen. Nicht aus Begeisterung für die Dynastie der Hohenzollern, sondern weil in der Reihe der Insignien auf seiner Brust noch Platz war für eine preußische Dekoration. Als ihm später der Franz Josephs-Orden und schließlich sogar das Ritterkreuz der französischen Ehrenlegion verliehen werden, macht ihn das überaus stolz. Mit gesunder Selbsteinschätzung findet er, daß er solche besonderen Würdigungen verdient. Penibel führt er sie alle in seinen Personalien an, doch das möge man nicht als Ausdruck einer Eitelkeit auslegen, die er kaum »nötig« hätte. Zu seiner Zeit ist es nun mal so Sitte, und noch heute fügen die Träger hoher Auszeichnungen in England ihren Namen Kürzel wie OB (Order of the Bath) oder MC (Military Cross) bei. So will es die traditionelle Gepflogenheit. »Suum Cuique« lautete die Devise des preußischen Schwarzen Adlerordens – Jedem das Seine. Warum denn auch nicht?
Für den Privatmann Johann Strauß bringt dieses Jahr 1870 nicht nur die Übersiedlung in das neue Domizil und die stilgerechte Einrichtung als walzerkönigliche Residenz, eine Aufgabe, der sich Frau Henriette widmet, wobei sie das feierliche Dunkelrot, diese gewisse Hoflogennuance, als dominierende Farbe der Tapeten und Portieren wählt. Am 23. Februar stirbt Anna Strauß, des Meisters geliebte Mutter, die sich wahrlich eine Goldene Tapferkeitsmedaille für unentwegte Zivilcourage und mutige Lebensbewährung verdient hätte. Sie war eigentlich eine unwienerische Erscheinung, man glaubte ihr die Beimischung spanischen Blutes der Abstammung. Keine der liebenswürdigen, irgendwie schubertischen bodenständigen Mamas, die Waldmüller porträtierte, sondern eine Muttergestalt

mediterraner Art, wie sie in Andalusien und Sizilien wachsen. Ihr selber war dies ganz gewiß nicht bewußt, aber es lag in ihrer starken Natur und bestimmte ihr Handeln.
In einer Gruft des nahen Hietzinger Friedhofs wird sie bestattet. Wenige Monate später, am 22. Juli, folgt ihr der jüngere Sohn Josef, von dem sein Bruder Johann in einem Moment tiefer Bewegung sagt, er sei der Begabtere gewesen, eine Äußerung, die seither immer wieder zum Anlaß bewertender Diskussionen und klugrednerischer Beckmessereien genommen wird. Als könnte man Genialität präzise messen und vergleichen wie den Blutdruck oder den Wasserpegel.
Das Hietzinger Hauswesen, so nobel und wunderschön es ist, hat also einen Auftakt in Moll und dieses düstere Motiv wird im Finale wiederkehren. Aber da gibt es, andantino quasi scherzando, einen merkwürdigen Mitbewohner, er wird sein Logis wohl in einem der beiden gartenseitigen Trakte gehabt haben, und eben jener Mann spielt die Hauptrolle in einer vergessenen, kuriosen Episode der Strauß-Biographie.
Man weiß aus den Lebensbeschreibungen des Meisters, daß seine erste Frau, einst unter dem Namen Treffz als Sängerin sehr geschätzt, nicht nur um einiges älter war, sondern auch vor dieser Ehe sozusagen als Hausdame bei dem prominenten Bankier Baron Moritz Todesco fungierte. In der heiklen Position einer Maitresse en titre à la Rococo, wovon die Existenz mehrerer Kinder Zeugnis gab. Freilich, ungeordnete Verhältnisse waren in Henriettes eigener Familie erblich, schon eine kurze Durchsicht der vorhandenen Dokumente eröffnet den Blick in ein kleinbürgerlich genealogisches Labyrinth, das ganz auszuleuchten sich hier nicht verlohnt. Man liest von Zerrüttungen, ja sogar Ehescheidungen, damals die seltene Ausnahme, einem häßlichen Entmündigungsfall, Halb- und Illegitimem, dann und wann kleinen Retuschen an den Fakten, kurzum: es ging fast so zu wie in einem Ibsen-Drama über die »Lebenslüge«. Keine sehr solide Sippschaft, um es offen zu sagen.
Und am Rand gehört auch der erwähnte Hausgenosse dazu, als Scheitelpunkt der häufigen »Dreiecks«-Konstruktion attachiert: Josef Franz Ritter v. Scherer, ehemaliger Beamter, mit dem Charakter eines k. k. Statthalterei-Sekretärs im Ruhestand. Er hat Henriettes verwitwete Mutter geheiratet, eigent-

lich nur um eine schon langjährig bestehende Beziehung säuberlich zu legalisieren. Die ihm dadurch zufallende Stellung des Stiefvaters der Frau Strauß behagt ihm sehr. Ja, in seiner späten Begeisterung für die Freuden der Verwandtschaft, Verschwägerung und Verstiefung scheint er sich damit allein nicht zufrieden zu geben, er gedenkt die Familienbande noch fester zu knüpfen. So wird Johann Strauß selbst von ihm – adoptiert, zum Glück ohne den Namen des Wahl-Papas annehmen zu müssen, sonst hätten wir Scherer-Walzer und Scherer-Operetten und ein heilloses Gwirkst mit den Problemen einer musikalischen Doppelexistenz oder Personalunion! Lassen wir's, die Geschichte ist sowieso schon vertrackt genug. Jedenfalls avanciert der Herr Sekretär durch diesen Voltenschlag auf Umwegen seinerseits zu Johann Strauß »Vater« dem Zweiten, Details, von denen das biographische Schrifttum kaum weiter Notiz nahm, die aber aktenkundig sind. Per Adoptionsvertrag und Gerichtsbescheid aus dem April 1872 wird bestätigt, daß Scherer den damals siebenundvierzigjährigen Komponisten »an Kindesstatt angenommen hat«.
Welchen praktischen Zweck diese abstruse juristische Prozedur haben soll, ist prima vista kaum plausibel zu erklären. Es gibt nichts, worauf Strauß, der berühmte, bereits sehr vermögende Mann dabei reflektieren könnte, und was hätte der pensionierte alte Beamte denn schon zu vererben? Richtig – das heißt, nur so weit man an materielle Werte denkt. Aber hier geht es um andere Dinge. Ums Decorum. Im Mai 1872 richtet Scherer an Kaiser Franz Joseph ein Majestätsgesuch, in dem er die »Allerhöchste Bewilligung« erbittet, »daß der mir eigene Ritterstand sammt (sic!) Wappen auf meinen Adoptivsohn übergehe.« Ebendenselben bezeichnet er im Stil der Mozart-Zeit als »Compositeur«, das klingt pretiöser, gravitätischer, »wohnhaft in Hietzing, Hetzendorferstraße Nr. 18«. Als Grund der Petition gibt der Verfasser an: »Da nun mit mir alten Mann das Adelsgeschlecht erlischt.« Jenes Wort Adelsgeschlecht wiederholt er zweimal in den untertänigsten Schachtelsätzen. Man meint förmlich, den Grafen Borotin aus Grillparzers »Ahnfrau« oder einen anderen greisen Edelmann der Romantik vor sich zu sehen, der in düsterer Halle gramerfüllt sein Schicksal beklagt, daß ihn bald als Letzten zu den Vorfahren vieler ritterlicher Generationen ver-

sammeln wird. Das melodramatische Bild, das Scherer entwirft, ist freilich etwas idealisiert, sein Stammbaum ist ein recht junges Gewächs. Er hat den erblichen Verdienstadel, der erst seinem Vater, einem Arzt, für Meriten während der Napoleonischen Kriege zuerkannt wurde.

Das auch von Johann Strauß unterfertigte Schriftstück nimmt seinen Weg durch die Instanzen. Im März 1873 schließlich erstattet der Innenminister Lasser v. Zollheim in dieser Angelegenheit dem Kaiser Bericht und stellt fest: »Die Leistungen des Schwieger- und Adoptivsohnes Johann Strauß auf dem Gebiete der Musik sind zu bekannt, als daß sie einer eingehenden Beprechung bedürften. Ebenso bekannt ist es, daß dieser mit Hilfe seiner Kunst wohltätige und humanitäre Zwecke gerne und häufig unterstützt. Dem entgegen darf aber nicht unerwähnt bleiben, daß Strauß für seine künstlerischen und humanitären Leistungen von Euerer kaiserlichen und königlichen Apostolischen Majestät bereits wiederholt, und zwar durch Verleihung des Titels eines Hofball-Musik-Directors, der goldenen Medaille für Kunst und Wissenschaft und endlich des den Allerhöchsten Namen Euerer kaiserlichen und königlichen Apostolischen Majestät führenden Ordens ausgezeichnet worden ist. Neuere Leistungen, welche ihm Anspruch auf einen abermaligen Akt der Allerhöchsten Gnade bieten könnten, liegen nicht vor.«

Exzellenz haben ganz recht, »Die Fledermaus« ist ja noch nicht geschrieben!

Was nun die Sorge des Statthaltereisekretärs um seinen sinkenden Wappenschild betreffe, so vertritt der Minister die Auffassung »daß das bevorstehende Erlöschen eines Adels für sich allein nicht derart entscheidend ist, um aus demselben genügende Anhaltspunkte für einen Akt der besonderen Allerhöchsten Gnade entnehmen zu können.«

Das Majestätsgesuch aus Hietzing wird abschlägig beschieden. Man kann es nicht beweisen, aber die Vermutung liegt sehr nahe, daß der gute Scherer gar nicht aus eigener Initiative gehandelt hatte, sondern bei dieser Schachpartie nur das Rössel in der Hand seines Adoptivsohnes war. O unser Meister Strauß ist auch ein Matador der geschickten Umgehungstaktiken und der Kasuistik, später wird er vom katholischen zum evangelischen Glauben übertreten und sich sogar in Sachsen-Coburg einbürgern lassen, alles nur, um Adele heiraten zu können, seine dritte Frau. Indes, die erhoffte Erhebung in den Ritter- oder Freiherrnstand bleibt ihm zeitlebens versagt, während doch den meisten anderen Koryphäen der Ringstraßen-Ära ihr »von« beschert wird. Hat ihm der Kaiser seine harmlose, eher anekdotische Achtundvierzigervergangenheit nicht verziehen oder Anstoß am Ehebund mit einer vormaligen »Demimondaine« genommen? Sei dem wie immer, Strauß muß sich mit der angestammten Bürgerrolle begnügen. Dafür trägt er den Titel Walzerkönig und das ist doch ein Rang von weltgeschichtlicher Einmaligkeit!

Sein Haus in der Maxingstraße – bleiben wir bei dem uns geläufigen Namen – figuriert nun längst unter den Wiener Sehenswürdigkeiten und Zielpunkten auf der Route der Musikerwohnstätten, weil dort »Die Fledermaus« entstand. Im schöpferischen Furioso von nur zweiundvierzig Nächten und Tagen komponiert, um die Jahreswende 1873/74. Der Meister verbringt diese Zeit wie in strenger Klausur – nicht etwa am Klavier, er braucht das Instrument nie für seine Arbeit und ist im übrigen gar kein brillanter Pianist. Wenn er bei privaten Soireen, seinen Straußiaden, illustren Gästen vorspielt, wundern sich die Herrschaften insgeheim über seinen harten Anschlag und seine zwar rhythmisch exakte, aber spröde Vortragsweise. Nein, in einem seiner vielen Hausanzüge aus superfeinen karierten Stoffen wechselt er ständig zwischem dem Harmonium, daß er wegen des »orchestralen« Klanges schätzt, und dem gewohnten Stehpult. Was indessen draußen vor den Fenstern passiert, kümmert ihn nicht im mindesten, er nimmt kaum wahr, ob der Nebel die kahlen Baumkronen verschleiert, ob es schneit oder taut. Drin, in seinen vier Wänden samt feudalem Inventar, regiert jedenfalls der Fasching des Herrn v. Eisenstein und des Prinzen Orlowski.

Eine »Champagner-Oper« nennt der in Wien verliebte Berliner Heinrich Eduard Jacob dieses Werk, sein Strauß-Buch trug ihm einst die Sympathien unzähliger Musikfreunde ein. Interessant seine Deutung der so hinreißend komponierten Textstelle »Glücklich ist, wer vergißt, was nicht mehr zu ändern ist.« Jacob hört aus diesem trotz allem optimistischen Verzicht nicht bloß die wienerische Philosophie einer allgemeingültigen heiteren Resignation heraus, wie sie auch aus der Erkenntnis »Es wird ein Wein sein und wir wern nimmer sein« spricht, sondern das Nachzittern eines Donnergrollens. Er hat als historischen Hintergrund den berüchtigten, katastrophalen Börsensturz des Jahres 1873 vor Augen. Die Champagnerkavaliere und die Ballschönheiten tanzen auf erdbebengefährdetem Parkett. Jacob sieht in der »Fledermaus« die Spiegelung einer Welt, die es schon damals eigentlich nicht mehr gibt, eine fiktive Gegenwart, ähnlich etwa wie in Hofmannsthals elegischer Komödie »Der Schwierige«.

»In dem Leichtsinn widerhallte ganz von fern das Zeugnis der untergehenden Zeit. Im Augenblick, als die ›Fledermaus‹ das erste Rampenlicht erblickte, gehörten das Glück ihrer szenischen Menschen, ihre Wirkungen und ihr Übermut, eigentlich schon der Vergangenheit an. Es war eine Menschheit ›vor dem Krach‹. Eine Menschheit *schon im Kostüm* , kaum weniger ironisch-traurig als die der Offenbachschen Götter.«

Während der Hietzinger Zeit vollzieht sich also Straußens Wandel vom Walzerkomponisten zum Meister der Operette. Die ersten fünf seiner Bühnenwerke, von »Indigo« bis zu »Prinz Methusalem«, entstammen jener Phase seines Lebens. Die Maxingstraße bietet den Ruhepunkt, an den er von seinen Reisen – sogar bis nach Amerika – gern zurückkehrt, wenn wir uns auch nicht der Illusion hingeben dürfen, es sei just der Zauber seiner Umgebung, der Hietzinger Genius loci, der ihn inspiriert. Strauß ist, wie schon erwähnt, kaum für den Reiz einer Landschaft oder eines Milieus empfänglich. Sein urmusikalischer Schädel bedarf im Grund keiner Anregungen durch eine besondere Atmosphäre, seine tonschöpferische Phantasie keines außermusikalischen Mediums. Nie sehr redselig, entspricht er seinem ganzen Wesen nach keineswegs dem Klischeebild des kreuzfidelen Wienerkindes. Was ihm an Eloquenz fehlt, das ersetzt er durch Schriftliches, er ist ein emsiger Briefschreiber, indes, selbst die Fahrten durch die schönsten Gegenden gehen ohne Eindrücke an ihm vorüber. Er hat, sagen wir es offen, keine besonderen geistigen Interessen, ist weder belesen noch für die Künste aufgeschlossen, sondern steht einzig und allein unter dem Gesetz seines Ingeniums, egozentrisch nur seinem Schaffen zugewandt. Wenn er ein luxuriös und behaglich eingerichtetes

Heim schätzt, dann deshalb, weil dies seinem Status gemäß ist, weil große Herren seiner Epoche eben so zu wohnen pflegen. Und er bindet sich auch nicht auf unbegrenzte Zeit an einen Ort. Schon nach einigen Hietzinger Jahren denkt er an Veränderung. 1876 hat er die behördliche Genehmigung für den Bau eines Hauses auf der Wieden in der Tasche. In der Igelgasse, die später nach ihm selbst benannt wird, will er sich ein »Palais Strauß« errichten. Den Stadtmenschen zieht es wieder in die inneren Bezirke.

Er ahnt noch nicht, daß er eines Tages Hietzing ganz plötzlich verlassen wird, wie ein Gejagter. Dies ereignet sich zu Beginn des April 1878. Das Haus, das selber einer Szenerie der »Fledermaus« gleichsieht, wird zum Schauplatz einer privaten Tragödie. Die Post hat Frau Henriette einen Brief gebracht, von einem ihrer vier Söhne aus der Beziehung zu Todesco. Der junge Mann ist, was man in Wien mit einem jetzt schon unmodern gewordenen Wort einen Fallotten heißt. Vornehmer ausgedrückt: ein Mißratener. Und das Lebenszeichen, mit dem er sich meldet, ist ein schäbiger Erpressungsversuch, begangen an der eigenen Mutter. Die Sechzigjährige, eine schon sehr matronenhafte, sichtlich übergewichtige Dame, gerät in derartige Erregung, daß sie einen letalen Schlaganfall erleidet. Eine Funebralkarosse, mit Rappen bespannt, bringt die Tote zur Einsegnung in die nahe Hietzinger Kirche. Zwei Tage später, am 11. April, wird sie in der Straußschen Familiengruft auf dem Hietzinger Friedhof beigesetzt. Letzte Courtoisie vor der einstigen Bühnenkünstlerin korrigiert für die Parte ihr Alter, streicht sechs Jahre aus.

Der Witwer bleibt der Bestattung fern. Es ist nicht nur die tiefe Erschütterung, die ihn lähmt. In seiner Welt glanzvoller Diesseitigkeit ist kein Raum für das Schattenreich. Tritt ihm die dunkle Macht dennoch entgegen, dann reagiert er mit jener Hypernervosität, ja Hypochondrie, die in seinem Jahrhundert gerade die vermeintlich Heiteren unter den Großen so schwer belastet, Raimund und Nestroy ebenso wie Girardi. Das ist das Rappelköpfige des echten Homo Austriacus, der inwendige Menschenfeind, der das eigene Ich verstört.

Johann Strauß flüchtet von daheim, flüchtet aus der schönen Allee an der Parkmauer, aber nicht in sein neues Palais auf der

Wieden, denn auch dort erinnert ihn zu vieles an seine Jetty, sie haben dieses Domizil gemeinsam geplant und wollten bald einziehen. Er mietet ein Appartement in einem noblen Stadthotel, hinter verschlossenen Türen ist er vor floskelhaften Kondolenzen sicher.
Das Haus in der Maxingstraße soll er niemals wieder betreten haben.

Vier Mädeln aus der Lainzerstraße

Die Sinfonia Domestica der Schwestern Wiesenthal

Zwei kleine Mäderln, das eine blond, das andere dunkel, stehen am Zaun und schauen sich die Augen aus. Vor dem Nachbarhaus wartet ein leerer Fiaker, ein ganz moderner Gummiradler gar. Das kommt zwar jeden Tag vor, aber für Gretl und Elsi, die Kinder des akademischen Malers Franz Wiesenthal, ist es immer wieder interessant, hinter den Büschen des Vorgartls versteckt zu beobachten, wie Fräulein Minna Rathner nonchalant einsteigt und im flotten Trab auf der Lainzerstraße davonfährt, den schwerfälligen »Maurerwagen« glatt überholend.

Ja, das Fräulein Rathner! Oder wie der Greißler und der Briefträger sagen: die Fräulein Rathner. Manche sprechen von ihr per »die Rathner«, was in Wien bekanntlich ein Ehrentitel ist, den nur die Popularität verleiht. Es soll, so heißt es, auch einen schon angegrauten Kavalier geben, der die fesche, stattliche Hietzingerin ganz vertraulich »Du, Minerl« nennt. Aber davon brauchen Gretl und Elsi nichts zu wissen, Gott bewahre. Und überhaupt, vielleicht war's sowieso nur Tratsch. Es wird ja so viel geredet, wenn eine als Tänzerin im Rampenlicht steht. Das Publikum interessiert sich dann halt nicht nur für die künstlerischen Darbietungen, sondern will auch hinter die Kulissen des Privatlebens schauen. Und wen sieht es dort, im Dämmer der Mutmaßungen, ob er nun wirklich da ist oder nicht? Einen Zylinder, eine Frackhemdbrust und einen großen Strauß roter Rosen.

Jedenfalls ist Minna Rathner eine der ersten Ballerinen der Wiener Hofoper. Ihre Stärke liegt im »Charakterfach«, die diversen Nationaltänze: Csárdás, Habanera, Mazurka, Tarantella – alles halt, was dem Temperament freien Lauf läßt. Deshalb wird sie von den beiden kleinen Mäderln als eine Art höheres Wesen bewundert.

»Langsam teilt sich der Vorhang, der mich von der Zeit meiner Kindheit trennt, und ich sehe in ein Zimmer, das nicht gerade gewöhnlich wirkt. In der Mitte steht ein Bild, das bis hinauf zur Decke reicht. Man kann aber nicht gleich erkennen, was es dar-

stellt, denn es steht auf dem Kopf. Und weiter sehe ich im Schatten der Leinwand so manche besondere Dinge. Da leuchtet der Gipsabguß einer Frauenbrust, daneben eine Hand und über dies Ganze herabschauend, ein Engelsköpfchen, dazu malerisch arrangiert Pfauenfedern, getrocknete Palmzweige und alles, was eben zu einem ›Makartbukett‹ gehört. Über der Türe hängt eine große Messingtrompete, auch ein Ritterharnisch, Hellebarde und sonstiger Schmuck eines Malerateliers fehlen nicht. Denn es ist natürlich das Zimmer eines Malers, und in diesem phantastischen Raum riecht es auch gut nach Terpentin und Ölfarben.«
So schreibt Grete Wiesenthal später über das Milieu, in dem sie zusammen mit ihren Geschwistern aufwuchs. Es ist die Heimstätte einer jener zugleich bohèmienhaften und doch bürgerlich grundsoliden kinderreichen Familien, wie es sie im Wien der Jahrhundertwende gar nicht so selten gibt, gleichsam als das Salz des Mittelstandes, oder, um es im Stil des Hauses Wiesenthal zu sagen: als bunte Farbtupfer im honorigen Gesamtbild. Alle ein bisserl »g'schupft«, alle mit mehr oder minder ausgeprägten musischen Talenten. Langweilig ist es bei ihnen nie, für Abwechslung sorgt jeder einzelne auf seine Weise.
Oder auch alle miteinander. Zumindest fast alle, Wickelkinder und Topferlrutscher noch nicht mitgerechnet. Eine Zeitlang kennen die vier größeren der insgesamt sieben – ! – Sprößlinge kein schöneres Vergnügen, als »Damenkapelle« zu spielen. Natürlich in Erinnerung an die Eindrücke von Praterbesuchen, wo sie wirkliche Musikerinnen gesehen hatten, in jenen weißen Sommerkleidern, die immer aussehen, als wären sie nicht in einer Werkstatt zugeschnitten und genäht wie andere Garderobe auch, sondern aus dem Schmelz von Kastanienblüten gezaubert. Der »Walzertraum« hat sie und alles, was sie umweht, davor bewahrt, im Fundus historischer Mode zu verschwinden. Für das Quartett der Wiesenthal-Mädeln tun's freilich vorläufig prosaischere haltbare lange Nachthemden, und die blauen Schärpen, die zur Aufmachung jeder Damenkapelle gehören, lassen sich in der Stoffrestentruhe der Mutter und im Kuriositätenwust des Vaters leicht auftreiben.
Zum Musikpodium eignet sich eine Ecke im Atelier ganz wunderbar. Dort nimmt die hauseigene Damenkapelle Platz – wäre ein Bub darunter, würde es auch nichts ausmachen. Als Instru-

mente dienen Spazierstöcke, lange Bleistifte, der Besenstiel avanciert zum Cello. Und die Musik selber machen natürlich die summenden Kinderstimmen.
Den Vater stört das Konzert nicht bei seiner Arbeit, im Gegenteil: ist er doch selber die leibhaftige Dominante in der heiteren Sinfonia Domestica seines Hauswesens. Einer von jenen bildenden Künstlern seiner Epoche, die manchmal die Palette weglegen und zur Laute greifen, um romantische Lieder zu singen, am liebsten im Freundeskreis, an tiefgrünen Sommerabenden im Garten. In Carl Molls Erinnerungen an den bedeutenden Landschaftsmaler Emil Jacob Schindler, der sich im Schloß Plankenberg bei Neulengbach ein Sommerdomizil eingerichtet hatte, sind solche Momente wunderschön geschildert. So vergehen die Stunden in jener seelischen Verfassung, welche gescheite Herren aus der damals noch hochangesehenen Antike die »Entelecheia« zu nennen pflegten, einen glücklichen Zustand emsiger Tätigkeit aus innerer Ruhe heraus. Bei manchen Melodien fällt Franz Wiesenthal mit seinem sonoren Bariton ein, während der Pinsel immer wieder behutsam über die Leinwand gleitet.
Es ist ein Leben mit vielen biedermeierlichen Nachklängen, das die Familie im alten Hietzing führt. Noch ist das Viertel an der Lainzerstraße auf der Höhe zwischen der heutigen Wenzgasse und der Elßlergasse nur schütter verbaut, zwischen Baumkronen, Villen und Sommerhäusern sieht man bis zu den Hügelzügen von Ober-St.-Veit mit seiner Zwiebelturmkirche und der langgezogenen schmalen Kontur der Tiergartenmauer. Fast noch beidermeierlich ist auch das Verkehrsmittel, in dem die Wiesenthals stadtwärts und retour fahren: der bereits erwähnte »Maurerwagen«, so benannt, weil er Ziel und Endstation in Mauer hatte. Man zögert, ihn als den »Vorläufer« des bewährten Sechzigers zu bezeichnen, denn in dem Wort liegt zuviel Agilität. Rudolf Huber, auch ein Hietzinger, der später Elsa Wiesenthal heiratete, dazu als Gewährsmann für das Naturell dieses idyllischen Vehikels:
»Es war ein rumpeliges Fahrzeug, das schön langsam über das Granitpflaster holperte. Im Gegensatz zu der Pferdebahn und dem gewöhnlichen Omnibus, die beide nur den Anfang des Ortes erreichten, konnten die Schwestern die Fahrt mit dem ›Maurer‹ niemals als langweilig empfinden. Diejenigen, die ihn

zu benutzen pflegten, hatten kaum mehr das Gefühl, daß er ein modernes, öffentliches Fuhrwerk sei. Eher noch hatte er den Charakter einer alten Postkutsche. Die gewohnten Fahrgäste bildeten eine einander vertraute Gesellschaft, man kannte die Namen der Kutscher und diese, lauter wohlgelaunte Männer, kannten wieder ihre Passagiere, wußten, wo sie wohnten, hielten vor ihren Häusern und meldeten sich. Alles war wie in der guten alten Zeit auf Persönlichkeit, persönliche Wünsche und Gewohnheiten eingestellt.«

Aber auch zu Hause, an der Ecke der Lainzerstraße zur damaligen Reichgasse, gibt es wunderliche Dinge zu entdecken, wenn man Phantasie besitzt – und welches der Wiesenthal-Kinder hätte die nicht? Besonders die stille Gretl. Ihr köstlichstes Geheimnis hütet sie freilich vor den anderen, es sind ihre Märchenreisen in den – eingebauten Kleiderschrank.

»Bis dahin hatte ich nur Türen gekannt, die in andere Zimmer führten. Aber eine Türe, die sich öffnet und hinter der sich kein Zimmer, sondern eine halbdunkle, mysteriöse Nische erschließt, das hatte ich noch nie gesehen. In meiner Phantasie nahm ich Besitz von diesem Mauerschrank und er wurde für mich der Eingang in ein unterirdisches Schloß, zu dem eine geheimnisvolle Treppe hinunterführte, die nur ich kannte. Dort, in diesem wunderbaren Schloß, hatte ich die schönsten Spielereien, die mein Spielwunsch sich nur ausdenken konnte. Von dort kam manchmal ein unsichtbarer Vogel geflogen, der sich auf meine Schulter setzte und mich rief, daß ich wieder hinunterkommen sollte.«

Ganz in der Nähe der Wiesenthals wohnt der Maler Franz Gaul, also ein Kollege des Vaters, aber nicht so ein freiberuflicher Schwärmer, der auf seine Palette und Fortuna vertraute. Nein, als Ausstattungschef der Hofoper hat Gaul sein sicheres Drauskommen und darf auf das höchste Glück hoffen, das einem Vollblutösterreicher widerfahren kann: er ist »pahnsionsberechtigt«.

Von Freund Franz, dem wackeren Schlachtroß der Kulissenreiche, erhält Meister Wiesenthal hin und wieder Opernkarten, besonders zu Aufführungen von Werken Richard Wagners, den er unter den Komponisten am meisten liebt, wie überhaupt alles, was germanisch oder romantisch verherrlichtes Deutschtum ist.

Einmal bringt ihm Gaul Logenkarten für einen Ballettabend. Wiesenthal nimmt halt dankend an. Eigentlich nicht ganz nach seinem Gusto, aber seine Frau, die ihre Zeit zwischen Hausmutterpflichten und brillantem Klavierspiel zu teilen pflegt, wird sich gewiß freuen. Außerdem sind Elsi und Gretl nun schon groß und verständig genug, um sich die Tanzerei anzuschauen, zumal Minna Rathner, die schöne, charmante Nachbarin, auftreten wird.
Der gute Papa, er ahnt ja nicht, daß er mit dieser Zusage das Schicksal seiner Töchter entscheidet! Unwiderruflich. Auf die samtene Logenbrüstung vorgelehnt, vergißt Gretl ihren Zauberschrank, denn dort unten, auf der hellerleuchteten Bühne, erschließt sich ein noch viel, viel schöneres Märchenreich, in dem sich lebendige Menschen nach der Musik bewegen. Ohne zu singen freilich, dafür aber mit umso edlerer Gebärdensprache, einer freundlichen Magie gehorchend, die sie lenkt.
Im Maurerwagen, der vom nächtlichen Hietzinger Platz im Zotteltrott losfährt, spricht die Achtjährige noch immer nur davon, daß auch sie so tanzen könnte, ja, ganz sicherlich! Und sie ruht nicht, bis bald darauf im Garten eines jener kleinen, halbimprovisierten Feste veranstaltet wird, wie sie bei den Wiesenthals Brauch sind. Fröhliche, harmlose Unterhaltung, die natürlich nur einen Pappenstiel kosten darf. Das Wichtigste dabei ist die gute Stimmung, und für die sorgen schon die Hausleut' selber. Diesmal gibt es einen besonderen Glanzpunkt: Gretls Solo-Vorstellung in einem von der Mutter geschneiderten Kostüm aus Krepp-Papier. Die Farben versteht sich, hat der Vater fachmännisch ausgesucht. In dieser raschelnden Pracht schreitet das Mädel feierlich auf den Rasen, und die Darbietung spielt sich dann so ab:
»Mit einem Kehrbesen in der Hand spazierte ich in tragischer Weise hin und her, bald drückte ich den Besen an mein Herz oder schleppte ihn, in tiefer Verzweiflung, hinter mir drein, warf ihn empört weit von mir weg, bis ich endlich sterbend zusammensank. Merkwürdigerweise war das Gelächter der Zuschauer trotz des Kehrbesens gar nicht groß. Ich hörte, wie die Erwachsenen sagten: Die ist ja eine geborene Schauspielerin! Mich verwunderte dies nicht besonders, denn ich war mir der Güte meiner Leistungen wohl bewußt.«

Tänzerin werden! Gretl denkt an nichts anderes mehr. Die Eltern freilich haben ihre Einwände, obwohl beide sehr aufgeschlossene, sensible, künstlerisch empfindende Menschen sind. Aber eben zum Ausgleich von einer gesunden Solidität der Anschauungen über das praktische Leben. Die Mutter noch mehr als der Vater, der die Wirklichkeit oft aus der Warte des naiven Wolkenkuckucksheimbewohners betrachtet. Indes, wenn er »Ballett« hört, vertragen sich die Vorstellungen, die dieses Wort in seinem Sinn heraufbeschwört, nicht ganz mit seinen moralischen Grundsätzen als »aufrechter deutscher Mann« – zumindest in Zusammenhang mit eigenen Töchtern.

Fräulein Minna Rathner, die riegelsame Fee von nebenan, muß ja, wie schon ihr Name sagt, und vermöge ihrer Berufserfahrungen am besten Rat wissen. Also wird sie von Frau Wiesenthal in ein vertrauliches Gespräch gezogen, weil die Weiberleut, pardon, die Damen, so etwas am leichtesten untereinander bereden. Die fesche Minna zeigt sich sehr verständnisvoll und meint in ihrer legeren Art: »Schaun S', wenn a Mädel mit die Mannsbilder scharmuzieren will, braucht s' net erst zum Ballett gehn. Ma glaubt immer, Tänzerinnen sind nur grad am Präsentierteller für die Kavaliere. Aber was glauben S', wie die Elevinnen unter der Fuchtel stehn, wie die üben müssen! Na und später, wenn die Mädeln amal groß sind, können Sie s' sowieso net untern Glassturz stellen, da muß dann jede selber auf sich aufpassen. Die Ihrigen haben ja schließlich zuhaus das beste Beispiel, Gnä' Frau!«

Auch andere Instanzen äußern sich positiv. Um Gottes willen, warum sollte man eine vielleicht große Begabung verkümmern lassen oder unterdrücken! Es könnte doch sein, daß aus der Gretl eine zweite Anna Pawlowa würde. Nun, eine Anna Pawlowa ist sie nicht geworden, weil sie sich nicht der klassischen Kunst der Ballerinen verschrieb. Als sie nach einer Reihe von Jahren im Hofopernballett diese Form des Tanzes vollkommen beherrschte, entfremdete sie sich innerlich immer mehr den vorgegebenen Regeln, dem Kanon der überlieferten Choreographie. Anfangs versuchte sie sich nur zum Ausgleich in einer rein intuitiven, vom Gefühl und der Musik getragenen eigenen Gestaltung des Tanzes.

Eine ideale Partnerin fand sie in Elsa, die sich, angeregt durch

Gretes Beispiel, ebenfalls für diesen Beruf entschieden hatte, allerdings nicht so spontan, sondern erst nach langer, reiflicher Überlegung. Seltsam übrigens, daß sich auch bei den beiden Schwestern jene eigenartige Gegensätzlichkeit ausprägte, die das im besten Sinn wienerische Wesen in zwei Persönlichkeiten zeigt, gleichsam in zwei Hälften aufgespalten: Johann Strauß-Vater – Josef Lanner, Johann Strauß-Sohn und sein Bruder Josef. Einem geheimnisvollen Naturgesetz folgend, suchen sich diese beiden Seelen immer, um ein vollkommenes Ganzes zu bilden. Auch hier: Grete, auf Dur gestimmt, hell, ein Maienmensch, Allegro. Elsa hingegen dunkel, herb, versonnen, Andante, natürliche Hoheit. »Eine schweigende Fürstin des Lebens«, nannte sie Peter Altenberg, der bald zum begeisterten Herold dieser neuen Ausdruckskunst wurde.
Die Schwestern Wiesenthal – später mit Berta und Marta schließlich zu viert, wie einst in der »Damenkapelle« – tanzten Strauß-Melodien, wie man sie noch nie zuvor getanzt gesehen hat: frei ausschwingend, als Poesien im Dreivierteltakt, mit Raimund-Anklängen. Sie tanzten nicht nur die Musik, auch den Aquarellzauber der Stimmung ihrer Kindheitslandschaft, den Anhauch aus alten Gärten und Kastanienalleen am Morgen.
Vier Mädeln aus der Lainzerstraße hatten sich in vier Grazien verwandelt.

»Mein Vater war ein alter General«

Wilhelm von Appels unvollendetes Schicksal

Da geht ein Student durch das Wien des fin de siècle, aber nicht dort, wo es seine glänzend inszenierte Schauseite zeigt. Er wandert in die rasch anwachsenden Industrieviertel, in denen über allem mißfarbige Krusten versintern und freudlose Gassen sich in Winkeln und Gstätten verlieren. Den Maschinenlärm noch im Ohr, schreibt der Student zu Hause Verse nieder:

»Ja, wenn auf der ganzen Erde einst nur
Fabriken und Schlote qualmen,
Dann wird die herzlose Riesenkultur
Die eigenen Räder zermalmen.«

In den Rußschichten und Rauchschwaden, die den damals hymnisch gepriesenen Fortschritt so häßlich patinieren, sieht der einsame Spaziergänger Anzeichen einer bedrohlichen Entwicklung des optimistisch erwarteten neuen Jahrhunderts. Dabei ist er alles andere als ein Skeptiker. Natürlich kann er noch keine Ahnung vom Begriff »Umwelt« als Faktor gemeinsamer Existenz haben. Er spürt nur, daß hier ein Transmissionsriemen des Schicksals in Schwung kommt, der nicht mehr so leicht zu stoppen sein wird. Und das spricht er oft aus, auf seine Weise, im Gedicht.

Darum läßt uns dieser junge Mann über den großen trennenden Zeitraum hinweg wieder aufhorchen, als einer der frühen intuitiven Warner vor der Vergötzung der Technik. Er heißt Wilhelm v. Appel, geboren am 11. September 1875, Wiener, aber eigentlich ein »Tornisterkind«, wie man damals die Offizierssprößlinge nennt. In Appels Familie gibt es sogar mehr als ein halbes Dutzend hoher Militärs, Exzellenzen mit Goldkragen und roten Lampassen.

»Mein Vater war ein alter General,
Dem sie bei Königgrätz ein Pferd erschossen
Und den die Ungarn anno dazumal
In Temesvar belagert eingeschlossen.«

Wilhelms Kindheit prägen die Eindrücke verschiedener Garnisonen. Es ist eine Welt gelber Fassaden der ärarischen Gebäude,

eine von Kommandorufen, Hornsignalen und Marschmusik untermalte Szenerie aus Manöverstaub und dem Farbenspiel der Paraden. Darin dominiert, bekrönt mit dem flatternden grünen Federbusch, der Papa. Eine vertraute Gestalt, doch durch die Zeichen seiner Würde in eine geheimnisvolle Sonderung gerückt. Was Friedrich Sacher-Masoch später, in der Nähe Joseph Roths, in seinem österreichischen Roman »Die Parade« schildert, Appel junior erlebt es als tagtägliche Realität. Da gibt es auch den Salon, im Dämmer der Jalousien, hinter denen der Gartensommer blüht. Bezirkshauptleute und Statthalter kommen zu Besuch. Und die Menschen, von denen man abstammt, sind in Ahnenbildern immer gegenwärtig.
Die Mutter, eine dunkle, mädchenhafte Erscheinung, Blutmischung von der Adria, ist wesentlich jünger als der Vater. Dennoch überlebt sie den General nicht lange. Kaum dreizehnjährig, bleibt der Bub als Waise zurück. Zum Soldaten freilich ist er nicht geboren. »Zu zarte Konstitution« hat der Herr Medizinalrat oft gesagt. Die einzige Uniform, die Wilhelm je trägt, ist der offiziersartige Rock des Theresianums. Es wird eine Internatszeit voller Prüfungen – nicht nur an der Tafel.
Eigentlich erträumt sich der Zögling die Laufbahn des Architekten. Aber dann studiert er Jus, um Beamter zu werden. Denn das Dichten, in dem sich der junge Herr seit langem versucht, kann halt nur Arabeske doch nicht Basis des Lebens sein; und in die Wiener Zeitungsredaktionen mit ihrer traditionellen Feuilletonkultur zieht es Appel damals noch nicht.
So tritt er in die Direktion der k. k. Staatsbahnen ein. Dort gibt es auf gehobenem Verwaltungsposten noch einen anderen schreibenden Juristen: Otto Stoessl, der sich neben Franz Werfel und Franz Nabl zu einem der bedeutendsten österreichischen Romanciers seiner Epoche entwickelt.
In diesem streng umzirkelten Bereich der Instanzen und Kompetenzen, wo die lebendige Sprache zu abstrusen Floskeln erstarrt ist und man die Welt in drei abgegrenzte Sektoren teilt, nämlich »hieramts«, »dortselbst« und »höheren Ortes«, macht sich der neue Sekretär v. Appel heimisch, so gut es eben geht. Seine selbstverständliche hohe Auffassung von Pflicht und Beamtenethos hilft ihm dabei.
Privat beschäftigt ihn in jenen Jahren nach 1900 immer wieder

der Gedanke, daß es in der Monarchie keine satirische Zeitschrift wie den berühmten Münchner »Simplicissimus« gibt, getragen von witziger Zeitkritik und bestechender Graphik. Appel möchte sich mit einer solchen Publikation vor allem an ein Leserpublikum von Offizieren wenden, die ihre dienstfreien Stunden in den Kaffeehäusern weit verstreuter Garnisonen verbringen. Wie gut kennt er selbst doch dieses Milieu!
Der Plan nimmt konkretere Formen an, als es dem Proponenten gelingt, Geldgeber zu gewinnen. Wann und wie es dann zur Wahl des Titels kam, ist ungewiß. Plötzlich ist er da, ganz spontan: *»Die Musketiere«*. Ein Treffer ins Schwarze. In dem Wort liegt Historie und zugleich die Andeutung der Zielsicherheit im Anvisieren der Themen, die man aufs Korn nehmen will.
1905 erscheint die erste Nummer. Wilhelm v. Appel ist Chefredakteur der Novität auf dem Wiener Zeitungsmarkt. Aber nur nebenberuflich. Welcher richtige Österreicher mit »Pahnsions«-Anspruch würde auf solche Sicherheit verzichten?! Diese Teilung seiner Arbeitskraft bestimmt ein für allemal unwiderruflich den Stundenplan des Emsigen. Nachmittags geht er aus dem Amt in die Redaktion. Es ist Nacht, wenn er nach Hause kommt und dann, ungestört, setzt er sich meist noch hin, korrigiert Manuskripte und schreibt selber Verse oder Prosaskizzen für die nächste Ausgabe.

»Wir haben noch Palais. In stillen Gassen
Krummzügig, eng, von wenig Volk bewohnt,
Hat man sie ›bis auf weiteres‹ stehen lassen,
Weil sich die Demolierung noch nicht lohnt.«

Auch in solchen Betrachtungen ist Appel noch immer aktuell, posthum auf dem laufenden. Unter seiner Leitung wird *»Die Muskete«* binnen kurzem zu einem wahren Massenmedium von enormer Breitenwirkung, wie man heute sagen würde. Bald ist sie als Spiegel ihrer Epoche sprichwörtlich. Kein Wunder, hat sie doch graphische Mitarbeiter, die jede Nummer zum Blickfang machen. Um den Konferenztisch der Redaktion in der Wollzeile 23 sitzen damals die Hauszeichner: der mittlerweile als Karikaturist zum Chronisten kakanischen Lebens avancierte Fritz Schönpflug, auf alles »Ärarische« spezialisiert. Daneben der zugewanderte Sachse Karl Alexander Wilke, den man einen »heroischen Secessionisten« nennen könnte, unschlagbar bei historischen Kostümen und Uniformen, in der Figurenwelt Wallensteins, des Prinzen Eugen und Erzherzog Carls heimisch. Weiters der abenteuerliche Josef Danilowatz und der mondäne schraffierende Erotiker Heinrich Krenes, ein Bonvivant, der zum Frack die Palette tragen müßte oder umgekehrt. Viel später wird er das Vorbild für die Rolle des eleganten Modemalers Heydenegg in Willi Forsts Meisterfilm »Maskerade«. Dann gibt es als Benjamin in dieser Runde einen versponnenen Sinnierer, ein schmächtiges, nicht ganz gesundes Bürscherl: Franz Wacik, der sich seine Motive gern in märchenhaft abseitigen Zonen sucht und sogar Jammergestalten in wunderlich lebendige Grotesken zu verwandeln weiß.

Es werden nicht nur scharfe Ladungen der Ironie verpulvert, in ihren Texten erreicht *»Die Muskete«* auch beachtliches literarisches Niveau. Eingestreut zwischen Garnisonswitzen, bissigen Reimereien und gängigem Lesefutter findet man Werke junger Talente: Sie heißen Anton Wildgans, Franz Theodor Csokor und Max Mell. Den Ton des Bizarren schlägt ein seltsamer Poet namens Alfred Grünewald an, der in einem Architekturbüro arbeitet.

Ihnen allen ist Wilhelm v. Appel, der vornehme ritterliche Charakter und grundgütige heitere Freund, ein eifriger Förderer. Umfassend gebildet, bewältigt er sein anstrengendes Pensum, getreu der Devise aus einem eigenen Gedicht: »Hier gilt es, einen Lebenstraum, ein Schicksal durchzusetzen.« Ein realistischer Idealist und ein Herr, dem auf seine persönliche Art Überlieferungen der österreichischen Kultur das beste Rüstzeug für die Gegenwart gegeben haben.

So entstehen in Appels Lyrik für die wartenden Druckmaschinen der *»Muskete«* Stimmungsbilder, Impressionen, aber auch Landsknechthaftes wie aus alten Soldatenliedern der Prinz Eugen-Zeit, oder Reiterphantasien, in denen etwas aus der Weise von Liebe und Tod des Kornetts Christoph Rilke anklingt. Und zuweilen, flott hingehaut, gereimte Blitzlichter zum Tage. Als etwa der sagenhaft unkonventionelle amerikanische Präsident Theodore Roosevelt, der schnauzbärtige, sattelfeste »Teddy«, offiziell in Wien weilt, malt sich Appel die Begegnung zwischen höfischer Etikette und unbekümmertem Yankeetum aus.

»Der Korporal am Burgtor schneidet
Ein eigentümliches Gesicht.
Der Gardewachtmeister, der leidet
Im Salutiergelenk an Gicht.

Der Hofzeremonielldirektor
Ist ungewöhnlich irritiert,
Ja selbst der Ofenlochinspektor
Gibt keine Antwort und sinniert.

Denn alle schneiden sie voll Bangen
Die gänzlich neue Frage an:
Wie soll man einen Mann empfangen,
Der gar nichts ist und nur was kann –?«

Appels Sprache mag in der Rückschau auf Theresianisches und Canaletto-Veduten poetisch verschweben, wie es damals seit den kostbaren Wortbildern des jungen Hofmannsthal in Wien in der Luft liegt, sie findet manchmal zu einer Schwind-Idyllik des Vormärz, aber sie packt auch das Dasein fest an, wo es sich in seiner ganzen Buntheit bietet.

»Küsse, wenn das Leben sich erschlossen,
Was es gibt in seinen starken Gnaden.
Wer die Erde dankbar nicht genossen,
Wird im Himmel auch nicht eingeladen!«

Wegen ihrer schlagfertigen Angriffe gegen Mißstände, Lethargie, Dünkel und Borniertheit geraten die »Musketiere« mancherorts in den Ruf empörenden Aufbegehrens gegen jene Ruhe, welche die erste Bürgerpflicht ist. Ja, man bezichtigt sie sogar unpatriotischer Gesinnung. Darauf erwidert Appel im Namen seiner Schar:

»Wir sind keine bloßen Verneiner. Wir glauben an unsere Heimat. Was wir lieben, ist unendlich viel. Was wir hassen, ist nur eines: die Lüge. Wir sind Menschen und wollen Menschen um uns haben. Menschen mit klarem Verstand, mit starkem Herzen. Wir wissen, daß der Menschheit und Österreich weder mit Witz noch mit Kunst allein gedient ist, sondern nur mit Hingabe der ganzen ehrlichen Persönlichkeit. Wir geben sie.«

Und er selbst, der getreueste »Musketier«, gibt sie bis zum Äußersten. Zahllose am Schreibtisch oder bei Konferenzen geopferte Nächte mit großem Zigaretten- und Kaffeekonsum,

dauernde Anspannung, Kopfsprung in neue Arbeit, wenn die Bürokollegen aus der Staatsbahndirektion die Stiefeletten mit den Patschen vertauschen, kaum Pausen oder richtige Ferien – sowas nennt man »Raubbau an der Gesundheit«.
Der Rauch der Industrie, dieser Qualm, dessen verdunkelnde, beklemmende Macht Appel, seiner Zeit darin weit voraus, immer als bedrohlich empfunden hatte, legt sich schwer auf seine Lunge. Momentan muß der Unermüdliche aussetzen. Dabei ist er erst sechsunddreißig. Jäh folgt auf intensivste Tätigkeit erzwungene Ruhe. Ein altes ländliches Haus in der Ober-St.-Veiter Schweizertalstraße, gartenseitig der Nachmittagssonne offen, wird zur letzten Station eines Lebens, das eigentlich eine fast schon anachronistische mutig bestandene Erdenfahrt im Sinn der Romantiker war. Dort stirbt Wilhelm v. Appel im November 1911. Auf dem nahen Ober-St.-Veiter Friedhof, mit dem Ausblick hinunter nach Schönbrunn, begraben ihn die Freunde. Und über dem Tor seines Sterbehauses lassen sie eine Gedenktafel anbringen, letzte Signatur eines Schicksals, das viel zu früh endete, um sich vollenden zu können.

„Muskete"-Gründer Wilhelm von Appel: Ober-St.-Veiter der verfrühten letzten Stunde.

Zwei Paletten in St. Veit

Spurensuche nach den Ateliers von Gustav Klimt und Egon Schiele

»Eine dörflich stille Seitengasse in Hietzing, in dieser Gasse ein niederer, grün gestrichener Lattenzaun, ein echt vorortsmäßiger Gartengadern, dahinter ein dicht mit Strauchdickicht durchwachsener Garten mit alten Bäumen, einigen Rasenplätzen und Blumenbeeten, und mitten in dieser eilandshaften grünen Pflanzenwirrnis ein schlichtes eingeschossiges Landhaus mit hohen Fenstern. Aus diesem einfachen Haus, mit den glatt verputzten weißen Mauerflächen, schwarzgestrichenen Fensterrahmen und Türplatten ist ein Mann herausgetreten und lauscht dem Flöten einer Amsel. Die stämmige breitschulterige Gestalt ist in einen kuttenartigen Kittel gekleidet, in ein Gewandstück, das zeitlos wirkt. Der von Sonnenbrand braungebeizte runde Kopf mit der schön gewölbten Stirn, getragen von einem kraftvoll gedrungenen Nacken, weist eine geradezu brüderliche Ähnlichkeit mit den Häuptern auf, welche die altdeutschen Meister der Bildschnitzerei und Malerei ihren Darstellungen des Apostels Petrus mit übereinstimmenden Merkmalen zu geben pflegten.«
Der Spaziergänger, dem wir diese Schilderung verdanken, heißt Arthur Roessler und ist zu seiner Zeit einer der bekanntesten Kunstschriftsteller Wiens. Sein Besuch gilt Gustav Klimt, der sich draußen in Unter-St.-Veit ein Atelier eingerichtet hatte, nahe bei der Verbindungsbahn – nicht gerade im nobelsten, dafür aber in einem der stillsten Teile des eleganten Hietzing. Just die Abgeschiedenheit der Feldmühlgasse hat den Künstler bewogen, sich dort eine Arbeitsstätte zu schaffen.
Das Verborgene, nach außenhin Unauffällige seines Wirkungskreises entspricht ganz dem wahren Wesen dieses im Grund scheuen, ungemein sensiblen Menschen, den man oft für eine Kraftnatur hält, weil seine Statur und sein Gehaben diesen Eindruck erwecken. Zudem hegt er seit je eine besondere Vorliebe für solche einfache Häuseln, vielleicht aus einer inneren Bindung an die Umwelt seiner Kindheit inmitten der bescheidenen

Vorortebauten alter Straßen in Baumgarten. Als vielgerühmter Hauptmeister der neuen Wiener Malerei hatte er ein ähnliches Retiro in der Josefstädter Straße gefunden, gegenüber dem Theater, in einem niederen Hoftrakt. Aber im Jahr 1914 galt auch für jene noch biedermeierliche Heimstatt der damals vielzitierte Satz, der Anton Wildgans zu einem wehmütigen Gedicht anregte: »Dieses Haus wird demoliert.«

Ganz in der Nähe verbrachte einst Gottfried Keller seinen glücklichen Wiener Sommer. Nun fielen die Bäume, unter denen Klimt seine Gefährtin Emilie Flöge in von ihm selbst entworfenen aparten Kleidern zeichnete, deren faltenreich fließende Linien das damals noch fast allgemein übliche Korsett unnötig machten. Auf die Mauern, in denen Kunst von Weltrang entstanden war, wartete die Spitzhacke. Klimt brauchte ein neues Atelier. Schweren Herzens trennte er sich von der vertrauten Sphäre.

Doch zu Hietzing, wo er nun heimisch wurde, hat er schon lange eine sehr enge persönliche Beziehung. Während der schönen Jahreszeit wandert er nämlich fast jeden Tag zwischen fünf und sechs Uhr morgens von seiner Wohnung in der Westbahnstraße durch die noch menschenleeren Gassen im Frühlicht zum Tivoli hinaus, frühstückt in der Meierei und geht dann auf der Anhöhe des Schönbrunner Parks bis zur Gloriette. Dort bleibt er stehen, schweigend in den Anblick der Einheit aus Stadt und Landschaft verbunden. Ein Motiv aus Schönbrunn ist auch die einzige Wiener Vedute, die er je malt. Sie entsteht, wie so viele andere Bilder aus der Reifezeit, in der Feldmühlgasse. Hinter den Hecken und Blumenbeeten, eingefaßt von der Schlichtheit dieser Einsiedelei, erschließt sich allerdings Klimts ureigenstes Reich in seiner ganzen Erlesenheit und mit dem Flair einer wahrhaft großstädtischen, im Stil richtungweisenden Lebensform.

Die in der Hietzinger Szenerie traditioneller gelber Fassaden und grüner Fensterläden ungewohnte Abstimmung von weißer Tünche und schwarzem Holz des Hauses mochte einer Anregung des Freundes Josef Hoffmann folgen, der auch die betont einfachen, noblen Möbel für das Empfangszimmer des Ateliers entwarf. Dort gibt es außer einigen biedermeierlichen Schnupftabakdosen und Kunstgewerbe der »Wiener Werkstätte« nichts,

Residenz des Meisters der „Moderne": Hermann Bahrs Haus, Winzergasse 22.

„In dieser grünen Pflanzenwirrnis": Klimt Atelier, Feldmühlgasse 11.

Das verlorene Vermächtnis: der Atelierraum blieb nicht erhalten.

was im üblichen Sinn wienerisch wäre. Dafür dominiert der Ferne Osten mit großen chinesischen Bildern, kleinen Porzellanfiguren und japanischen Holzschnitten. Beim Fenster, durch das man auf Rosenstöcke sieht, steht eine Samurairüstung. Figurenreiche Szenen auf den koreanischen Vasen, die Klimt besitzt, kehren als Hintergrunddekorationen mancher Frauenporträts jener letzten Jahre wieder.
Er ist wohl der einzige Privatmann der Ära Franz Josephs, der bereits afrikanische Holzskulpturen sammelt. Sie interessieren ihn vielleicht deshalb, weil sie einen strengen, urtümlichen Kontrast zu seiner eigenen geschmeidehaft im Ornament schwelgenden, bis zur höchsten ästhetischen Verfeinerung entwickelten Kunst ergeben. Die Prachtliebe des Augenmenschen, die er mit Hans Makart teilt, äußerst sich auch darin, daß er einen Schatz edelster asiatischer Gewebe und Kostüme hortet.
Manchmal zeigt er, der schwer Zugängliche, seine Kostbarkeiten nicht nur wenigen geladenen Besuchern, Modellen aus der Wiener Gesellschaft und vertrauten alten Freunden, sondern auch Buben aus der Nachbarschaft, die neugierig über den Zaun spähen und nur zu gern wissen wollen, wie es denn »drinnen« bei dem geheimnisvollen, berühmten Künstler aussehen mag. Einer von ihnen, Peter Lint mit Namen, erinnert sich Jahrzehnte später:
»Wortkarg führte er uns in seinen Garten, öffnete dann einen weiten kahlen Atelierraum und ließ uns ein Bild ansehen, an dem er damals malte. Ein in juwelenzarten Farben strahlendes Schloß war es: Kammer am Attersee. Stumm stand er hinter uns, die wir nicht viel von der Kunst des Meisters verstanden, kraute sich den grauen, kurzgeschnittenen Apostelbart und schloß dann noch einen seiner Schränke auf, in dem alte indische Seiden und märchenhaft in Gold bestickte Schleiergewänder hingen. Im Weggehen sahen wir uns beim Tor noch einmal nach dem seltsamen Mann um. Wir Hietzinger Kinder fühlten nur die große Einsamkeit, die von diesem Herzen ausging, wir sahen einen gespensterstillen Garten und hinter verwilderten Buchsbaumrabatten das Haus ...«
Nordseitig, gegen die aufgelockert verbaute Auhofstraße zu, öffnet sich eine breite Fensterfront dem gleichmäßigen Tageslicht, das ein Maler für seine Arbeit braucht. Zeitlebens malt

Klimt fast nur Frauen, er ist von ihnen fasziniert, braucht sie um sich, ob elegante Damen des reichen Großbürgertums oder sehr schlanke Mädchen, rotblond oder mit dunklen Cleopatra-Mähnen. Nie heiratete er, hat aber einen Sohn, der sich später selbst einen Namen macht: Gustav Ucicky, als Regisseur ein Begriff in der Filmgeschichte. Und dann kommt eines Tages im Kriegsjahr 1916 eine fremde junge Besucherin. Sehr reizvoll, das wohl, aber so gar nicht »klimtisch«, eher üppig, levantinisch, ein Odaliskentypus: Friederike Beer-Monti, Tochter aus vermögendem Haus. Schüchtern erzählt sie dem überraschten Meister, welches Anliegen sie herführe. Sie habe nämlich einen Wunsch frei: entweder eine Perlenkette oder ein Porträt von Klimts Hand. Die Entscheidung sei ihr natürlich nicht schwergefallen.

Der Mann im langen blauleinenen Kittel mit den gestickten Schulterleisten läßt Friederike vorerst gar nicht ins Haus. Schweigend mustert er die schick gekleidete Schwarzhaarige von allen Seiten. Schließlich wird er etwas freundlicher. Nun darf sie das Sanctuarium betreten. Bald darauf erfährt sie, was Klimt unter Arbeit versteht: dreimal wöchentlich muß sie ihm stundenlang sitzen, mit eiserner Konsequenz. Obwohl oder gerade weil sich Fräulein Beer-Monti während dieser Zeit kaum regt, ist sie nachher immer völlig erschöpft. Der Meister an der Staffelei rezitiert laut Verse aus Dantes »Göttlicher Komödie«. Er bleibt zurückhaltend, ganz auf das Bild konzentriert. Dennoch ist diese letzte Begegnung des Alternden mit weiblicher Schönheit ein Erlebnis, das ihn tief berührt.

Nach Klimts Tod am 6. Februar 1918 will man das verwaiste Atelier in seiner Gesamtheit bewahren, als authentische dauernde Vergegenwärtigung der persönlichen Sphäre dieses Mannes. Alles bis zur letzten Farbtube soll so bleiben, wie er es verlassen hat. Aber das ideelle Vorhaben scheitert an der Realität der tristen Verhältnisse: Krieg und Nachkriegszeit, die leidige Wohnungsnot. Der Bau wird für neue Zwecke adaptiert, umgestaltet. Nicht einmal einem Neffen, der als Halbwüchsiger den Onkel Gustav oft besuchte, gelingt bei viel späterer Suche die Rekonstruktion der ursprünglichen Lage. »Ich finde keine Anhaltspunkte mehr. Das Haus, so wie es war, ist verschwunden.« Die Einrichtung geht größtenteils an Emilie Flöge, die zusammen mit ihren Schwestern einen von der »Wiener Werkstätte« gestalteten renommierten Modesalon in der Mariahilferstraße betreibt. Der brennt 1945 aus, samt den asiatischen Gewändern. Aber Ateliermöbel und Sammlung blieben erhalten und sind nun Familienbesitz in einem Ort des Wienerwaldes. Weitere Fahndungen führen ins Böhler-Werkhotel in Kapfenberg. Dort steht die Samurairüstung – nach ihrem langen Weg von Japan über unbekannte Zwischenstationen und die Hietzinger Jahre – als Blickpunkt und exotische Dekoration. In der Feldmühlgasse hat sich seither nicht sehr vieles verändert, sie ist still wie je. So still, daß man sogar darauf vergaß, eine Gedenktafel anzubringen.

Kaum zehn Gehminuten entfernt und fast gleichzeitig mit Klimt bezieht ein junger Maler das Atelier im obersten Stockwerk des damaligen Neubaus Hietzinger Hauptstraße 101. Schlank, ja richtig mager, mit suchenden großen Augen und steil gesträubtem Haarschopf entspricht er so recht den mittelständischen Vorstellungen von einem armen Künstler und Irrläufer des Lebens, der mehr Farbe auf der Palette als Butter auf dem Brot hat. Es ist der »sehr ergebene Egon Schiele«, der manchmal mit supplikanten Floskeln um Stundung der fälligen Miete bitten muß. Verwunderlich, daß er niemals etwa Zeichnungen oder Aquarelle an Zahlungsstatt bietet, hat er doch nicht lange vorher mit einem Zahnarzt eine ähnliche Abgeltung der Behandlung vereinbart.

Aber hier versucht er es gar nicht mit bargeldlosem Verkehr. Wahrscheinlich würde der Hausherr »solche« Bilder auch kaum als entsprechende Kompensation betrachten, sondern wartet in Gottes Namen lieber, bis der säumige Mieter zu klingender Münze kommt. Schiele, der zuweilen die Trasse der Verbindungsbahn überquert, um den von ihm in einer Art geistiger Sohnesliebe verehrten Klimt zu besuchen, hat sich oben unter dem Dach ähnlich eingerichtet, doch die Kontraste noch härter und konsequenter gesetzt. Aus den Reminiszenzen seines unermüdlichen Förderers Arthur Roessler erfahren wir:

»Der Arbeitsraum war durchflossen von einem unerklärbaren, aber merklich spürsamen, feinen leichten Hauch, einem Hauch wie ein Nebelschatten, in dem seelische und geistige Elemente schwangen. Man fand sich innerhalb eines kalkweißen Mauergevierts von schwarzen Dingen umgeben: schwarzen Kasten, Tischen und Stühlen, schwarzen Vorhängen, schwarzen Seidendecken, schwarzen Polstern, schwarzen Lackdosen und schwarzen gläsernen Aschenschalen, schwarz gebundenen Büchern und schwarzen Vasen auf schwarzen Bordbrettern, schwarzen japanischen Schablonenschnitten in schwarzen Leistenrahmen, schwarzen Tür- und Fensterrahmen. Inmitten dieses Chores vieltonig abgestimmter Schwärzen stand in einem weißen, kuttenartigen Malkittel der junge Künstler vor einer schwarzen Staffelei, auf der eine große gespannte Leinwand lehnte, und pinselte an einem Bilde, in dem alle Farben des Spektrums in edelsteinhafter und blumiger Glut gleichsam aus sich heraus leuchteten.«

Fast fünf Jahre wohnt Schiele dort, malt erschütternde monumentale Bilder, so oft ihm sein Kriegseinsatz als Landsturmmann und Wachsoldat dazu Zeit läßt. Aus dem Haus gegenüber holt er sich seine Frau. Er ist einer der eifrigsten Befürworter der Erhaltung von Klimts Atelier als Gedenkstätte. Noch im Sommer 1918 übersiedelt er selbst nach Alt-Hietzing. Seine neue Adresse: Wattmanngasse 6. – »Das Atelierhaus ist alleinstehend rückwärts in einem schönen Rosengarten«, teilt er seinem Schwager mit. »Dort will ich von neuem beginnen.« Der Lokalaugenschein von heute stößt auf egalisierte Mauern, in der Banalität späterer Umbauten hat sich jener »Hauch wie ein Nebelschatten« verflüchtigt. Eine Mittelschülerin im Flur nimmt höflich zur Kenntnis, daß Schiele hier seine letzten Monate verbrachte.

Beide, der ältere und der junge Meister, haben ihren Hietzinger Wirkungskreis auch im Tod nicht verlassen. Klimt ist auf dem Hietzinger Friedhof bestattet, Schiele, der ganz kurz vor dem politischen Zusammenbruch in der Wohnung seiner Schwiegereltern – Hietzinger Hauptstraße 124 – starb, fand sein Grab auf dem Ober-St.-Veiter Friedhof. Am Haus Nummer 101 hat sich inzwischen wenig verändert. Die Fassade ist bis auf spätere, die Mauern glättende Renovierungen ziemlich die selbe, die der Maler kannte, wenn er unter den Alleebäumen heimkommend, zu seinem Atelierfenster im Giebel hinaufblickte. Der Topos in seinen gegebenen räumlichen Verhältnissen und Abmessungen, das »Vorkriegsmilieu« der hellen Stiegen – alles wie einst. Nach-

vollziehbar Schieles Weg hinauf, an den facettierten, mit bunten Glasornamenten à la Josef Hoffmann eingelegten Gangfenstern vorbei, Dekor, das überhaupt als Signet für die Eigenart Hietzings gelten könnte.
»Aber vom Herrn Schiele ist nichts mehr da«, sagt die Hausbesorgerin.
Ganz so, als wäre der Herr Schiele erst unlängst per Ultimo ausgezogen.

Jetzt kommt der Wind über den Berg

Ober-St.-Veit in einem vergessenen Roman Hermann Bahrs

Daß jeder echte Sammler eine Art sechsten Sinn besitzt, der ihn unbewußt, aber wie ein inneres Radargerät geradewegs dorthin führt, wo er etwas für ihn Interessantes finden kann, das ist eine durch vielfache Erfahrungen gestützte Erkenntnis. Man lese etwa in den Erinnerungen des Grafen Hans Wilczek nach, welch geheimnisvollen Eingebungen folgend, dieser in vieler Hinsicht sehr bemerkenswerte Mann, Teile eines Ganzen in weit voneinander entfernten Städten ortete. Derlei mag man Intuition nennen, innere Stimme oder wie auch immer, es ist jedenfalls da. Ein Freund aus der Gilde der Sammler, mehr noch: der Sammelsurier, grämte sich gar nicht, als er feststellen mußte, daß ihm ein Desideratum, also ein seit langem gewünschtes Objekt, bei einem Okkasionsverkauf entgangen war. »Ach, das wartet eben anderswo auf mich«, sagte er gleichmütig. Und er behielt recht.

Wir wollen die Zusammenhänge gar nicht genau zu ergründen suchen, denn jeder richtige Sammler hat wohl etwas vom Mystiker an sich, deshalb glaubt er nicht an den Zufall. Oder könnte es bloß willkürliches Zusammentreffen von Umständen sein, daß mir gerade auf einem Ober-St.-Veiter Flohmarkt zwischen verjährter Bellestristik unversehens Hermann Bahrs Roman »O Mensch!« in die Hand kam, ein Buch, das ich schon Jahre früher mit Interesse gelesen hatte? Während des Ersten Weltkriegs in soundsovielter Auflage bei S. Fischer in Berlin publiziert. Dieses eine von vielen Tausenden Exemplaren aber war durch antiquarische Schicksalsfügungen gleichsam zu den Ursprüngen zurückgekehrt, denn die Schauplätze der Handlung liegen im Radius weniger Gehminuten von meinem Fundort.

Um die Jahrhundertwende läßt sich Bahr in der Ober-St.-Veiter Winzerstraße, an der Ecke der Veitlissengasse, von dem jungen Genie Joseph Maria Olbrich ein Haus bauen, ganz nach eigenen Intentionen, programmatische Architektur; denn wer unermüdlich als Streiter für die damalige Moderne auftritt, muß auch in seiner Privatsphäre ein Exempel setzen. Olbrich schafft für den Freund ein sehr einfaches, aber gerade deswegen so nobel wirkendes Landhaus mit hohem Giebel und großen hellen Räumen. Als Zentralbereich, wie es sich für die Heimstatt eines Schriftstellers ziemt, das Arbeitszimmer und die Bibliothek. »Wir treten in das Haus, und der grün-blaue Zauber umfängt mich bald«, schreibt der Wiener Autor Alfred Deutsch-German, der anno 1903 den prominenten Kollegen aufsucht und diesen in seiner gewohnten Ober-St.-Veiter Aufmachung antrifft, nämlich in Jägertracht verwegenen Stils, fast wie dem »Freischütz« entstiegen. »Da gibt es Räumlichkeiten, klein und zierlich und größer, bauernmäßig, aber es ist alles luftig und licht. Vom Mittelzimmer sieht man weit hinaus ins Land und freut sich der Nebelgebilde, die über der Stadt hängen. Der echte Bahr aber zeigt sich mir im Studierzimmer. Es ist den schönen Künsten und vor allem Klimt geweiht. Da grüßt im Mittelfeld die ›Wahrheit‹ mit dem häßlichen Antlitz und dem violetten Leib und läßt an aller frauenhaften Anmut zweifeln. Aber das Bild bannt den Besucher wohl und kann ihn in noch so gesättigter Laune zum Nachdenken bringen.« Wenn Bahr selber für seine Arbeit nachdenken will, dann geht er die ganze Strecke von Hietzing bis in die Winzerstraße zu Fuß. Er braucht die zündende Kraft des spontanen Einfalls, den Gedankenblitz, und so ein strammer Marsch wirkt auf ihn immer wieder erleuchtend.

Etwa 1905 faßt er den Plan, österreichisches Wesen und Leben seiner Zeit in einem Zyklus von Kulturromanen zu schildern. Sein späterer »Nachbar« Otto Stoessl, der sich anno 1912 am anderen Endpunkt der Winzerstraße ansiedelt, eigentlich schon in der Matrasgasse – wodurch diese kurze Wegstrecke zur »literarischen Landschaft« Ober-St.-Veits erhoben wird – soll dann ein ähnliches Vorhaben in einem einzigen, nun zu Recht wiederentdeckten bedeutenden Roman realisieren: »Das Haus Erath« ist die Geschichte einer Industriellenfamilie des Wiener Brillantengrundes. Emil Ertl, den seine Mitwelt als »feinsinnigen Erzähler« ehrt, zeichnet den Weg der Neubauer Seidenweber von der Napoleon-Ära bis zur Inflationszeit in vier Einzelbänden nach, die er unter dem Titel »Ein Volk an der Arbeit« zur Tetralogie zusammenschließt.

Bahr hingegen steckt sich in gewohnter Weise seine Ziele besonders hoch, er denkt a priori an zwölf Bücher. Geschrieben werden sieben, das letzte, »Österreich in Ewigkeit«, erscheint 1929, in der späten Lebensphase des Autors, die er in München verbringt, nachdem er vorher jahrelang im Arenberg-Schloß am Fuß des Salzburger Kapuzinerberges residiert hatte. Für den Kollegen Stefan Zweig leicht erreichbar.

»O Mensch!« ist der dritte Roman dieser Reihe und spielt zur Gänze in Ober-St.-Veit, »fünfundzwanzig Jahre nach Wagners Tod«, also 1908. Ohne die Gegenden der Abläufe topographisch so präzise beim Namen zu nennen, wie es z. B. Doderer in seinen Romanen zu tun pflegte, meint Bahr ungefähr jene schöne Zone zwischen der Kirche und den noch höher gelegenen Hängen vor dem Lainzer Tiergarten, wo er sich ja auch die Villa dachte, die das gemäße Milieu seiner Komödie »Wienerinnen« bildet. Ja, gesprächsweise wird sogar Frau Delfine Jura als Bewohnerin eines Nachbarhauses erwähnt. Besagte Dame ist eigentlich in Bahrs bestem Lustspiel, »Das Konzert«, daheim, aber der Autor holt eigene Figuren, die ihm besonders am Herzen liegen, mit dem souveränen Handzeichen eines schicksalsmächtigen Inspizienten gern auch in neu ersonnene Begebenheiten – und sei es nur für einen Moment, im Hintergrund der Szenerie.

Wenige Personen treten in dem Buch markant in Erscheinung: der erfolgreiche Maler Höfelind, den Bahr zum Besitzer des Olbrich-Hauses avancieren läßt, fast unzertrennlich von seinem Kollegen, Freund und Mitbewohner, dem alten Radauner, der nur mehr immer wieder ein und dasselbe Kleefeld malt, um endlich das Geheimnis von Farbe und Form zu ergründen – zwei zeittypische Bahr-Gestalten, Sucher und Zweifler, die große Mühe haben, mit sich selber ins reine zu kommen. Auch diese beiden treten, wie Leitmotive in menschlichem Habitus, in mehreren Romanen des Zyklus auf.

Gegenüber hält der Herr Kammersänger Ignaz Fiechl Hof, die Funktion eines Kanzlers und Geheimen Staatsrates erfüllt getreulich seine unverheiratete Schwester Annalis, die ihre Auffassungen über Kunst in einem noch immer gültigen Aphorismus ausspricht: »Bei denen, die malen oder dichten weiß man doch nie, aber beim hohen C gibt's keinen Schwindel!« Diese Weisheit, an der keine Faser der Binsen haftet, bezieht sich freilich auf einen Schüler ihres Bruders, denn der ist selber Bassist, idealer Interpret der Wagner-Partien, ein grandioser Hans Sachs, Wotan und König Marke. Auch sonst begeistert er sich für alles Deutsche, ja Germanische, und bedauert nur, daß es nicht der Teutoburger Wald ist, der da droben die Hügelzüge bedeckt, sondern der Wienerwald des Lainzer Tiergartens. Dabei wäre der robuste Innviertler »ein gutes Modell für einen Buddha, hatte Höfelind einmal gesagt, der Ausdruck stimmt und auch der Bauch ist da«.

Das Vorbild für diesen walhallischen Villenpascha, der seine Machtworte fast immer im Fortissimo blitzesgleich durch den Salon schleudert, ist in der damaligen Realität leicht auszumachen: Richard Mayr, der Bierschaumgeborene aus Henndorf am Wallersee resp. dem Salzburger Gablerbräu, lebenslänglich ein draller Barockputto jener Welt, die später Carl Zuckmayer in seiner österreichischen Meisternovelle »Der Seelenbräu« so wunderbar und liebevoll beschreibt. Daß Mayr niemals in Ober-St.-Veit wohnte, ist der dichterischen Freiheit völlig unwichtig, sein literarisches Spiegelbild paßt jedenfalls ganz vortrefflich in die gegebene Szenerie, wie von einem Regisseur mit subtilem Empfinden für Atmosphäre an den richtigen Platz gestellt. Selbstverständlich hat sich der teutonisch fühlende Kammersänger als Mittelpunkt seines Tusculums die in seinen Kreisen obligate »altdeutsche Stube« eingerichtet, mit allem, was an Stimmungsrequisiten damals dazugehört. Allerdings faßt er dort seinen privaten Wahn-Monolog meist in die Form herber, direkter Rüge seiner häuslichen Mitmenschen, und nach einem Lobpreis des Flieders ist dem Choleriker außerhalb der Bühne sowieso selten zumute.

Aber meist besänftigt schon der bloße Anblick dieses Interieurs sein Gemüt. In diesen Mauern spürt er den Geist der Meistersinger – Veit Pogner, Kunz Vogelsang, Konrad Nachtigall; Balthasar Zorn natürlich nicht zuletzt! Ja, sie alle als Geschöpfe seiner Phantasie und nicht als bloße Versteller, die sich wieder in »Kollegen« mit wenig schätzenswerten Eigenschaften zurückverwandeln, sobald sie in der Garderobe Kostüme, Perücken und Bärte ablegen. Lauter Beckmesser-Naturen! O, er ist von einer profunden Menschenverachtung, der Herr Kammersänger, und als ehemaliger Studiosus kann er sich aussuchen, ob er solche Anwandlungen summarischer Verneinung zur Weltsicht des

vergrämten alten Grillparzer oder des skeptischen alten Schopenhauer in aufwertende Parallele setzen will. Gleichsam bühnenbildnerisch geht Bahr ins Detail:
»Die Dämmerung in diesem altdeutschen Zimmer mit den schweren alten Vorhängen und den kleinen bunten Scheiben, die großen Formen der reich geschnitzten Kasten und Stühle, der Glanz der Zinnkrüge auf den Borden über dem Kameltaschensofa, die Stille der dicken Teppiche, die lange Reihe von alten Kränzen an der weißen Wand über den braunen Borden und all die Truhen, Rüstungen, Waffen, Spindeln, Trinkhörner, Geweihe, Jagdtaschen und Handtuchweibchen um den alten grünen Kachelofen herum, gar aber der eingebaute Erker mit den zwei hohen alten Chorstühlen, und den verschossenen Meßgewändern auf dem Klavier, den grünen Scheiben und der roten Ampel, dies nahm ihm immer gleich jede schlechte Laune wieder weg. Hier hingen alle Bismarcks, die er sich verschaffen konnte. Wagner im samtenen Flaus. Und wenn er recht vergnügt war, ließ er alle Vorhänge schließen und das Licht der Ampel anstecken. Ein sanfter roter Schein von den grünen Scheiben gedämpft, floß dann über das dunkle Holz des großen deutschen Zimmers, und er saß im Lutherstuhl, trank noch eins und nannte das seine Gralsstimmung. Als aber Höfelind, der zynische Maler, einmal sagte, er trinke lieber Wein ohne Staub, hatten sie sich so gezankt, daß sie drei Wochen entzweit geblieben waren.«
Auf Visite kommt ein Herr Hofrat, wie es einem österreichischen Roman aus der Welt von Gestern rangmäßig zusteht. Bahr führt diesen Besucher ein, weil sich dadurch ein novellenhafter Anklang ergibt, ein leiser Mollton des Verzichts, wie in den Erzählungen Ferdinand v. Saars und der Marie v. Ebner-Eschenbach. Damals, ja, vor längerer Zeit, noch in Salzburg, da hätte aus dem Herrn Hofrat und dem Fräulein Annalis ein Paar werden können. Aber dann hat er sich halt für eine gute Partie entschieden. Recht glücklich ist er dabei nicht geworden. Jetzt, als Witwer, erst um die Fünfzig, ist er ein Schwieriger, der sich selber versäumt hat und seine Melancholien hinaufträgt nach Ober-St.-Veit. Vielleicht, so meint er zögernd, vielleicht sei es noch gar nicht zu spät. Aber das Fräulein Annalis hat in der Schule des Lebens gelernt, vernünftig zu denken. Es soll schon

alles bleiben, wie sie sich's im Dasein eingerichtet hat, für die Rolle der endlich doch erkorenen Braut hat sie kein Talent. Und so muß sich der Gast damit abfinden, daß er nur eine stille, wohltemperierte Freundschaft erwarten darf, eine wunschlose Zweisamkeit auf Spaziergängen.

»Fräulein Annalis und der Hofrat schritten den engen Weg zur Kirche hinab. Hier ist alles durcheinander: noch sind aus der alten Zeit, als das ein Dorf von Weinbauern war, kleine Häuser geblieben, gelb oder weiß oder blau getüncht, mit ein paar Blumenstöcken in den engen Fenstern, aber daneben sind andere, die sich schon eher als Villen benehmen, eine halb schweizerisch, die nächste mehr barock, keines ganz sicher, ob es eigentlich ein Jagdhaus oder ein Waldschlößl, mehr ländlich oder mehr fürstlich sein soll, alle vor dreißig oder vierzig Jahren erbaut, damals als der Ort auf einmal den Ehrgeiz bekam, eine Sommerfrische zu werden. So steht hier Vergangenheit und Gegenwart durcheinander.«

Dies ist die einzige Schilderung mit deutlichem Lokalkolorit, denn wie fast immer in seiner Prosa, auch in den anderen Romanen des Zyklus, macht Bahr die handelnden Personen zu wortreichen Interpreten seiner eigenen Meinungen über die Zeit an sich, die von ihm pessimistisch beurteilte Situation Österreichs und vor allem über die damals viele Idealisten, Utopisten und Illusionisten bewegende Frage nach dem »neuen Menschen«, dem weltfremd ersehnten »neuen, freien Geschlecht«. Teils philosophierend und teils in bewußt naiv zupackendem Ton des Gradheraussagens, legt Bahr den Figuren seine Thesen in den Mund, in langen Dialogen läßt er sie monologisieren und predigen, so besehen ist er ein Vorläufer Thomas Bernhards und Peter Handkes. Oder anders ausgedrückt: seine Gestalten fungieren gleichsam als Teilnehmer einer noch in sehr weiter Zukunft liegenden »Club Zwei«-Sendung, nur eben über Themen der Zeit um 1908. Jahre später wird Otto Stoessl, der Herr aus der Matrasgasse, Freundschaft mit Josef Matthias Hauer schließen, dem absonderlichen Mann, der aus Wiener Neustadt gleich direkt ins Kosmische vorstieß, sich von der sanften Macht seines »Zwölftonspiels« eine neue, harmonische Ordnung der Welt erhoffte und in vielen Zügen seines Wesens und Geistes eine lebendige Hermann Bahr-Figur war.

Ein anderer fiktiver Ober-St.-Veiter Bahrschen Gepräges indes ist der Nusserl, ein Shakespearscher Ariel der Gegenden um den Himmelhof und bei der Tiergartenmauer, am Langzügel laufender Hausgenosse bei Höfelind und dem alten Radauner. Ein geselliger Einsiedler. Wie er wirklich heißt, weiß eigentlich keiner, jeder nennt ihn nur den Nusserl oder, sozusagen aktenkundig, den Nußmenschen, eine Bezeichnung, die man ihm wegen seiner Ernährungsgewohnheiten beilegte. Er schwört nämlich auf die aus den Haselnüssen der überall wachsenden Stauden gewonnene Nußbutter. Die propagiert er sehr eifrig, aber der alte Radauner läßt sich sowas nicht einreden, er findet, man könne auch als Schnitzelesser das Seinige zur Rettung der Welt beitragen.

Der Nusserl, ein rechtes Krispindel, hundsmager wie ein Fakir kaum erst erwachsen, will nämlich nichts Geringeres als die Welt ummodeln, damit alles besser wird. Er hat sich da aus Heilslehre, Freikörperkultur, Naturapostolat und Diätetik eine persönliche Philosophie zusammengereimt, ein Patentrezept holder Illusion, fernab jeglicher Realität, wie viel später dann die Hippies, die sogenannten Blumenkinder. Er ist ein Prototyp der Aussteiger, ohne jemals richtig eingestiegen zu sein. Von ihm stammt der beschwörende Ausruf »O Mensch!«, den die anderen aus der Gegend, vor allem Fräulein Annalis, sprichwörtlich übernehmen, freilich nicht ohne ironischen Unterton. Anbinden darf man ihn nicht, ganze Tage und halbe Nächte verbringt er droben auf den Wiesen des Himmelhofs und in den Forsten des Tiergartens. Die Natur ist für ihn voller Magie, wüßte er in der klassischen Mythologie Bescheid, würde er in jedem schönen Baum die Dryade grüßen, die Nymphe, die im Stamm wohnt. Aber keiner aus dem Kreis reagiert auf das Witterungsgeschehen wie er. Der Wind, der in Ober-St.-Veit so oft über den Berg niederfährt, weckt im Nusserl Visionen von Elementargeistern:

»An solchen Tagen, wenn der Westwind mit seiner Wut geritten kommt, aus dem Tiergarten herab, und die Hufe trappeln – ja, wirklich, genauso klingts, wenn unser Westwind mit seinem Viererzug um die Ecken biegt. Und die Bäume reißts auf die Seiten, vor Angst, weil sie schon wissen, wie verrückt er fährt, und die vier Pappeln drüben schaun dann aus, als ob sie sich die

Röck vorm Regen über den Kopf geschlagen hätten und da muß der Westwind lachen, dann knallt er wieder mit der großen Peitschen, und in den Bäumen schimpfts und auf den Dächern knarrts und dann hört man wieder, wie seine Rappen ungeduldig aufschlagen.«

Barocke Allegorien, der Walkürenritt, Nietzsches herrlich furioses Gedicht »An den Mistral« – all das scheint hier in naiv volkstümlicher Variation seine Nachklänge zu finden. Wenn der Wind über den Berg fegt, dann ist das ein dramatisches Ereignis, nicht nur Bahr selbst, auch andere Schriftsteller und Dichter seiner Epoche sind sensibel geworden für diesen Einbruch der Naturgewalt. Es ist nicht mehr das Sturmesbrausen aus den Liedern Schuberts und den Balladen der Romantiker, das sie in Unruhe versetzt, sondern der geheimnisvolle Föhn in mondhellen Vorfrühlingsnächten, wenn alles so überklar, so rätselhaft wird und das Olbrich-Haus seine impressionistische Aura verliert, nur mehr aus Konturen und Flächen besteht, wie auf einer Architekturzeichnung.

Aber der hellsichtige Nusserl ist nicht der einzige Träumer und sonderbare Schwärmer im oberen Ober-St.-Veit. Bahr denkt sich für seinen Roman auch einen verhinderten Luftschiffer aus, und was er über diesen zu sagen hat, klingt recht tragikomisch, fast wie ein Marterltext in erzählender Prosa:

»Das Haus der Witwe Wabern lag hinter dem Friedhof. Der schöne Leutnant Guido v. Wabern hatte quittieren müssen, um die arme Klavierlehrerin heiraten zu können. Es war aber ein Glück für ihn, er kam gerade in die gute Zeit, wo man mit Fahrrädern so viel verdiente, daß er sich selbständig machen konnte. Er rechnete, daß er, wenn das Geschäft noch drei Jahre so weiterging, ausgesorgt haben würde; und dann kann er sich zurückziehen, um das lenkbare Luftschiff zu erfinden, das war immer sein Traum. Und er kaufte sich einstweilen dort oben an, weil ihm der Wiesenhang am Tiergarten sehr tauglich schien, um ungestört abzufliegen. Auf den Grund hin baute er sich ein lustiges kleines Haus, im österreichischen Barock, wie der Baupolier behauptete, der eben zum Stadtbaumeister ernannt worden war. Rings aber ließ er im Garten Fichten pflanzen, weil er auch gern ein Hochtourist gewesen wäre, wenn er halt nur etwas mehr Zeit gehabt hätte! Die Fichten wuchsen schnell und wurden so groß, daß das Haus jetzt schon ganz in einem Wald stand. Aber das hatte der Herr Leutnant nicht mehr erlebt; das Haus war noch nicht einmal fertig, da sprang ihm ein Hund ins Rad und er stürzte so bös, daß er nicht mehr aufstand.«

Wenn Bahr in »O Mensch!« auch kaum Genrebilder des Ortes bietet, in dem er jahrelang wohnte, da er viel zu sehr mit seinen Exkursen und Bekenntnissen beschäftigt war, so bleibt dennoch, und sei es wie ein Hintergrundprospekt, das Landschaftliche spürbar, die Atmosphäre. Man sieht sie vor sich, im Viertel der Veitlissengasse: den Herrn Kammersänger in der hölzernen Pracht seiner Kegelbahn (eine solche gab es dort bis vor einigen Jahren wirklich!), den gestikulierenden Maler Höfelind, an seiner Seite den alten Radauner, selber so verwittert wie sein schwarzer Wotanshut, das Fräulein Annalis an einem jener silbergrauen Herbstmorgen, den stillen Herrn Hofrat in seinem Havelock, und natürlich den Nusserl, immer wie plötzlich von Shakespeares »Sturm« herangeweht. Und man sieht das Haus, bis heute das einzig Reale dieses vergessenen Buches.

»Er trat an das grüne Geländer. Nun hatte sich die Nacht noch vertieft. Gleichsam auf der Hut vor ihr schien das steil in die starre Luft ragende Dach jetzt noch größer, wie um Wacht zu halten in der geheimnisvollen Nacht. Vor ihm schwammen tief unten die vielen kleinen gelben Lichter durch den Dunst der fernen Stadt wie gefallene Sterne. Im Südosten aber zog langsam ein heller Nebel durch das Tal; nur die Kuppe des Hügels dort blieb über dem niedrigen lichten Dampf. Dann ging der Maler Höfelind zu seinem alten Freund Radauner hinein, in das leere Zimmer mit den sieben Bildern an der weißen Wand.«

Wo geschah das Mangobaumwunder?

(Fast ein Literaturrätsel)

Wie seltsam, daß dic Atmosphäre Hietzings, dieser so deutlich spürbare Genius Loci selbst, nie zu epischer Darstellung anregte. Im österreichischen Schrifttum gibt es keinen Roman von Rang, in dem Hietzing als Umwelt eine so wesentliche eigene Rolle spielen würde wie etwa die Strudlhofstiege und die Stadtgegenden zwischen Porzellangasse und Lichtenwerd im Werk und Leben Heimito v. Doderers. Ja, die ältere der beiden Otto Wagner-Villen drüben in Hütteldorf faszinierte ihn während seiner letzten Jahre, dort betrieb er nach seiner Gewohnheit häufig Lokalaugenschein, mit scharfen Kalmückenaugen über die Pfeife hinweg die Fassade anvisierend. Diesen Bau wollte er sogar zum Hauptschauplatz seines Buches »Der Grenzwald« machen, das er als Fragment hinterließ.

Doderer wäre wohl der einzige Autor neuerer Zeit gewesen, der einen in den typischen Erscheinungsformen wurzelnden, den Ortskundigen als authentisch ansprechenden und dabei in seiner Bedeutung überregionalen Hietzinger Roman hätte schreiben können. Immerhin hatte er die langjährige persönliche Beziehung zum Bezirk, seine Schwester Almut bewohnte als zauberhafte alte Dame ein besonders schönes Haus in der Steckhovengasse, neobarock, im Stil eines großen Gartenpalais, mit einer Statue der Pallas Athene in einer Nische des ersten Stockwerks. Um die Rettung dieses markanten Beispiels historistischer Architektur bemühte man sich leider vergebens. Als das Haus sanierungsbedürftig wurde, löste der Besitzer das Problem lieber radikal. Jetzt steht auf dem Terrain ein schablonenhafter Eigentumswohnbau.

Ein anderer aus dem Geschwisterkreis war in Ober-St.-Veit daheim, der Bruder Immo – die Doderers erhielten auf Anregung ihrer phantasievollen Mutter solche verschollene westgotische Namen! Jenem Heimito aber, der Aura einer Stadtgegend und ihren magischen Ausstrahlungen aufgeschlossen wie kaum einer, fehlte für Hietzing offenbar das Organ. Dies ist sehr merkwürdig und sehr bedauerlich, indes eine unabänderliche

Tatsache. Und Elias Canetti, der als junger Mann in der Hagenberggasse wohnte, geht auf sein damaliges Ambiente nur in Kapiteln der autobiographischen Bücher »Die Fackel im Ohr« und »Das Augenspiel« ein.
Als Hintergrund zumindest bildet Hietzing die Umwelt einer Gestalt aus der österreichischen Literatur unseres Jahrhunderts. Es ist Leonidas, von Beruf hoher Ministerialbeamter, also aus den Rangklassen jener Sektionsräte und Sektionschefs, deren Lebensform als zeittypisch für die Wiener zwanziger und dreißiger Jahre gilt und die auch in der Prosa Doderers und Franz Nabls vorkommen. Leonidas, dessen Adresse etwa im Viertel der Gloriettegasse zu orten wäre, tritt in einer Erzählung Franz Werfels auf, sie trägt den Titel »Eine blaßblaue Frauenschrift«. Es ist die Geschichte eines Mannes, der Karriere machte, sich gut verheiratete und nun, im Oktober 1936, völlig überraschend seiner einstigen großen Liebe begegnet, einer jüdischen Ärztin, die schon an die Emigration denkt, bevor sie dazu gezwungen werden könnte.
In diese Abläufe mit ihren Rückblenden sind lokalbezogene skizzierte Momentbilder eingefügt, um dem Geschehen Raumtiefe und Atmosphäre zu geben; z. B. wenn Leonidas vor der Unterredung nach so langer Entfremdung von Unruhe getrieben durch Schönbrunn geht: »Endlos schwang sich die Allee zwischen barock geschnittenen Taxusmauern in eine verzeichnete Ferne. Dort irgendwo im dunstig Leeren hing die Gloriette, ein baulicher Astralleib, das Gespenst eines triumphierenden Jubeltores, das ohne Zusammenhang mit der entzauberten Erde in den wohlgeordneten Himmel des Ancien régime zu führen schien.«
Über all dem liegt Hietzinger Herbststimmung, Leonidas beschreitet den Weg in die Vergangenheit über dicke Schichten herabgefallener gelber Blätter. »Seit wenigen Stunden war mehr als die Hälfte des Laubes von den Bäumen geweht, und der Rest hing schlaff an den Ästen. Was heute allzu jung als Aprilmorgen begonnen hatte, endete im Handumdrehen allzu alt als Novemberabend.«
Auch der Ort des Treffens ist mehr oder weniger frei der damaligen Realität entnommen: das Parkhotel, gegenüber dem Hietzinger Tor von Schönbrunn. Man bittet den Herrn Sektions-

chef, in einem der »Gesellschaftszimmer« zu warten, das sehr pompös eingerichtet ist, die Möbel »ragten wie mürrische Festungen einer verschollenen Repräsentation ins Ungewisse. An der Wand dehnte sich ein keusch verhüllter Flügel. Die Plüschdecke, die ihn von oben bis unten verhing, war schwarz. Er glich daher einem Katafalk für tote Musik ... cin prunkvolles Tintenzeug, groß und ernst genug, um bei Unterschrift eines Friedensvertrages Dienst zu tun, und dergleichen mehr ... Lebendig in diesem Raum waren nur die beiden aufgeklappten Spieltische, auf denen noch die Bridgekarten dalagen, ein Bild behaglicher Zerstreuung und ungetrübter Seelenruhe, das den neidischen Blick immer wieder anzog. Leonidas war selbstverständlich ein Meister dieses Spiels ... Im gleichmäßigen Auf und ab stellte er fest: Es ist mir nicht klar, wie ich beginnen werde. Ich weiß nicht einmal, wie ich Vera ansprechen soll. – Und endlich: Sie läßt mich sehr lange warten. Kein Minister läßt mich so lange warten ...«
Dieser Vergleich, im inneren Monolog der noch Abwesenden rügend vorgehalten, verrät deutlich, daß Leonidas auch in privaten Ausnahmssituationen automatisch in den Kategorien seines Beamtenstandes denkt. Wenn die Säumige schließlich das Prunkgemach betritt, wird er sie als vollendeter Kavalier besten alten Ministerialstils begrüßen, wird den ganzen Charme unverbindlicher Verbindlichkeit entfalten und mit einem elegant servierten selbstironischen Extempore betonen, ja er sei halt ein Hietzinger, ergo schon fast ein Landbewohner. Das Schicksal hat ihn zu einer Prüfung zitiert. Doch in der bewährten Taktik des Abwimmelns, Vertröstens und Hinauskomplimentierens geübt, wird er sich den entscheidenden Fragen erst gar nicht stellen ...
»Eine blaßblaue Frauenschrift« ist eines jener Werke, in denen Werfel innerlich von seiner österreichischen Umwelt Abschied nahm. Bereits in den USA geschrieben, steht diese Erzählung gleichsam als Intermezzo in seinem Schaffen zwischen den beiden großen Romanen »Der veruntreute Himmel« und »Das Lied der Bernadette«.
Ein viel früher entstandenes Buch aber eröffnet Einblicke in ein ganz mysteriöses Hietzing. Es stammt größtenteils von Leo Perutz, dem 1957 verstorbenen bedeutenden Erzähler aus dem

Prager Kreis, einem Meister der Schilderung des Zwielichtigen, Geheimnisvollen. Seine Romane liegen in Neuausgaben auf, werden auch übersetzt, die literarhistorische Forschung beschäftigt sich eingehend mit seinem Gesamtwerk. Kurzum: er ist für die Gegenwart wiederentdeckt. Und sicherlich auch für die Zukunft, denn Leser, die fesselnde Geschichten schätzen, wird es immer geben.
Perutz, der als Experte für Versicherungsmathematik in Wien lebte und in diesem ausgefallenen Fach sogar eine nach ihm benannte »Ausgleichsformel« entwickelte, tat sich nach der Veröffentlichung seines ersten historischen Romans »Die dritte Kugel« zu Beginn des Jahres 1915 für ein neues Projekt mit dem Autorenkollegen Paul Frank zusammen. Der war ein geschickter Belletristiker, der richtige Mann, um publikumswirksame Stoffe auszuspinnen. Ein Talent, das keine hohen literarischen Ehren anstrebte, sondern eine solide romanschriftstellerische Praxis betrieb. Ihm und seinesgleichen bot später der frühe Tonfilm ein reiches Betätigungsfeld, so schrieb Frank kurz nach 1930 für die Berliner Ateliers die Drehbücher zu »Der Kongreß tanzt« und »Die drei von der Tankstelle«; beide Filme waren damals große Erfolge und gelten noch heute bei Cineasten als »Evergreens«, wie man das in der Branche zu nennen pflegt.
Im Doppel also verfaßten Perutz und Frank binnen weniger Monate den Roman »Das Mangobaumwunder«. Wie diese Zusammenarbeit konkret ablief, konnten selbst tiefschürfende Germanisten nicht ermitteln; Perutz vermied es zeitlebens geflissentlich, Autobiographisches aufzuzeichnen, und Frank beschränkte seine Angaben auf den allgemeinen Modus, den sein Freund strikt einhielt: »Er hat weder die Erfindung der Schreibmaschine noch die der Füllfeder zur Kenntnis genommen. Für ihn existierten nur die Stahlfeder und das dazugehörige Tintenfaß. Er war ein geistiger Schwerarbeiter. Seine Verbesserungssucht kannte keine Grenzen. Die Umarbeitungen nahmen kein Ende. Seine Arbeitsweise war mönchisch.«
Die Grundidee für »Das Mangobaumwunder« stammte wohl von Perutz selbst, denn von ihm ging die Initiative aus und bald war er mit »P. F. ins Reine gekommen«. Für das beschleunigende Verfahren einer Arbeitsteilung mag er sich auch deshalb entschieden haben, weil er mit seiner Einberufung zum Militär

rechnen mußte. Als Szenerie der rätselhaften Begebenheiten wählten die Autoren eine Hietzinger Villa, deren Milieu so genau beschrieben wird, daß ein Bühnenbildner den Raum nach den Angaben ohne weiteres aufbauen könnte:
»Sie waren während des Gesprächs in die Vorhalle eingetreten, einen weiten gewölbten Raum, dessen Pracht den Arzt sogleich fesselte. Die Wände waren mannshoch mit kanelliertem dunkelbraunem Holz verkleidet. Darin wuchs rosenfarbiger, von dünnen schwarzen Adern durchzogener Marmor empor, in den Mosaikbilder eingefügt waren, hohe schlanke Frauengestalten mit einer Rosenkette in den Händen. In Silber gefaßte, flach nach unten gewölbte Glasschalen saßen in den vier Ecken der Decke und ließen ein mildes weißes Licht in den Raum fallen. Im Hintergrund führte ein Treppenabsatz von wenigen, mit einem dunkelgrünen Teppich gekleideten Marmorstufen in den nächsten Raum.«
Das Heim eines Ästheten »in Hietzing draußen, im vorigen Jahr gebaut«, solch ein Interieur wäre ohne weiteres irgendwo in den Straßen zwischen Schönbrunn und der Verbindungsbahn denkbar und heute schon denkmalschutzreif. Die »unglaubwürdige Geschichte« – so der Untertitel des Buches –, die sich dort abspielt, wirkt fast wie eine Paraphrase auf Stories der Victorianer und ihrer Nachfolger: das feudale Hauswesen, die absonderlichen Bewohner, die Einflüsse indischer Mystik und exotischer Geheimlehren, der Wissenschaftler, der stante pede als der einzige Retter zu Hilfe gerufen wird wie weiland Professor Van Helsing im unsterblichen »Dracula« – all das hat eigentlich englischen Ductus, ließe sich auch ins Londoner Westend verpflanzen. Diese kühne Diagonale durch die Welt der Phantastik macht begreiflich, warum viel später Friedrich Torberg das literarische Wesen des mathematischen Formelerfinders seinerseits auf eine aphoristische Formel brachte, die da lautet, Perutz sei »das Resultat eines Fehltritts von Agatha Christie mit Franz Kafka«.
Der Mann, der von seiner eleganten Junggesellenwohnung in der Inneren Stadt per Automobil nach Hietzing eilt, durch eine lange Allee – die Maxingstraße? Oder die Auhofstraße? – ist kein anderer als Dr. med. et phil. Franz Kircheisen, »der bekannte Toxikologe«, einer von den damals romangerechten a

priori gut situierten Privatgelehrten mit gewissen Subtalenten zum Meisterdetektiv.
Ein lebensgefährlicher Vergiftungsfall erfordert sein sofortiges Eingreifen. Der Patient ist der Gärtner des Hausherrn, weder ein alter Böhm noch ein niederösterreichischer Bauernbursch, sondern – ein Hindu aus Agra. Schlangenbiß. Ein ganz teuflisches exotisches Reptil. Wo kommt es vor, wo kommt es her, ausgerechnet mitten in Hietzing? Und wieso entpuppt sich der Villenbesitzer selber, Baron Vogh, »der bekannte Sportsmann und Hochtourist«, als ein bejammernswerter Greis in schlotterndem Tweed, die Hinfälligkeit in Person, das genaue Gegenteil eines Gipfelstürmers und Weltumseglers, ein armer alter Narr, der von Dingen und Taten redet, die für ihn längst passé sein müßten? Warum benimmt sich die erwachsene Tochter des Hauses – selbstverständlich von großem Liebreiz, das gehört sich so – wie ein Wildfang aus der ersten oder zweiten Klasse der Volksschule? Was verschweigt der Baron, wieso gerät er in Panik, als sich eine Dame zum Besuch anmeldet? Die Braut des Witwers gar, schau schau, aber er will sie unter keinen Umständen empfangen. Dabei gab es nicht das leiseste Zerwürfnis. Dr. med. et phil. Kircheisen steht vor lauter offenen Fragen, er kann nur annehmen, daß diese Menschen durch ein unerklärliches Ereignis aus der Bahn der Zeit geworfen wurden.
Der Lösung des Räsels kommt er näher, als er das phantastische Treibhaus, im Stil eines indischen Tempels erbaut, im großen Garten der Villa betritt: »Dort stand eine Vision, eine Fata Morgana. Dort stand der indische Urwald! Anders konnte man dieses blühende, duftende, rauschende, in tausend Farben leuchtende Stück Wildnis nicht bezeichnen. Der Urwald von Ceylon, durch ein Wunder aus Tausendundeiner Nacht hierher verpflanzt! Ein gewaltiger Mangobaum stand mitten im Treibhaus. Um den Baumstamm ein grüner Schleier, der über die Äste des Baumes geworfen war. Und aus diesem grünen Meer leuchtete in hundert Farben das Blütenwunder des indischen Urwalds hervor. Wahrhaftig, hier war die ›Thumbergia alata‹, die Liane mit den veilchenblauen Kelchen und dort die weinrote Blüte war die zarte Bougainville und diese mit den honiggelben Sternen, das war die ›Tithonia diversifolia‹, Ceylons schönste Liane! ... Aber dort, was war denn das? Eine Orchidee, die Dr. Kircheisen

noch nicht kannte. Sie sprang aus dem Blattdunkel des Dschungels hervor und starrte den Arzt an, jawohl! Sie starrte ihn an, denn die Blüte war wie eine menschliche Fratze geformt, wie ein häßliches Greisinnengesicht, blutleer und verrunzelt. Zwei dunkle Flecken standen wie Augen darin und aus der Mitte sprang höhnisch eine scharlachrote Zunge hervor. Ganz erregt trat Dr. Kircheisen näher. – ›Um Himmels Willen, Doktor! Was tun Sie?‹ hörte er in diesem Augenblick eine entsetzte Stimme. Er wandte sich um – da stand Baron Vogh leichenblaß im Türrahmen – «

Bei Romanen, die in textliche Wochenrationen geteilt, in großen deutschen Illustrierten abgedruckt wurden – eine Publikationsform, die später auch Perutz zu einem Lieblingsautor weiter Leserkreise machte! – pflegte man just an solchen Stellen wie der hier zitierten den jählings ernüchternden, ja hämisch vertröstenden Hinweis »Fortsetzung folgt« einzufügen.

Der Baron schwört, daß er den riesigen Mangobaum vor wenigen Wochen erst von seiner Indienreise als junges Pflänzchen mitbrachte. Und er erzählt von den geheimen Kräften heiligmäßiger Hindus, welche die Natur zu zwingen vermögen, den Kreislauf von Wachstum und Vergehen binnen kürzester Zeit zu vollenden. Hat sich Vogh mit dem Leichtsinn eines Zauberlehrlings auf ein äußerst gefährliches Experiment eingelassen, das nicht nur die Vegetation seines Glashauses, sondern auch ihn selbst und seine Tochter unaufhaltsamem raschem Wandel unterwarf?

Nur soviel: die Autoren hätten Dr. med. et phil. Kircheisen, den bekannten Toxikologen, die Kapazität, die Koryphäe, wohl kaum a tempo per Automobil durch die lange Allee – die Maxingstraße? Oder die Auhofstraße? – mitten in die aufregenden Geschehnisse in der Hietzinger Villa geholt, bloß um ihn dort schmählich scheitern zu lassen. Das wäre ja ein arger Verstoß wider die guten Sitten solchen Schrifttums. Denn ein gebührendes Maß an Respekt dürfen sich Romanfiguren von ihren Schöpfern schon erwarten!

Und wo, ja wo wohl, geschah dieses Mangobaumwunder, oder hätte es sich ganz so ereignen können, wie es Perutz und Frank schilderten? Der Ort, an dem all dies möglich gewesen wäre, ist in Hietzing ausfindig zu machen. Dort, wo das geflügelte Auge

in die schöne Gasse hinausspäht – das klingt wie eine der mysteriösen Perutzschen Anspielungen, aber an dem bewußten Punkt kommen Realität und Phantastik völlig zur Deckung. Präzisere Orientierungshilfen für allfällige Fahndungen wären nicht im Stil des geheimnisumwitterten Pragers.
Übrigens: Baron Vogh empfängt dortselbst gewöhnlich am Donnerstag während der Teestunde. Das heißt, wenn er nicht gerade auf Reisen ist, in Indien, in Tibet oder im Anstieg zu bisher unbezwungenen Gipfeln ...

Skat mit Richard Strauss
oder
Das große, kurze Glück des Leo Fall

All die Jahrzehnte vor der Modernisierung des rollenden Materials der Wiener Verkehrsbetriebe hatten die Züge der Straßenbahnlinie 60 etwas Behäbiges, sie wirkten wie Patriarchen im Reich der Fortbewegungsmittel, wie Veteranen, solide und mit viel eigenem Charakter. In mäßigem Tempo zogen diese altgedienten Stadtbahngarnituren von der Hietzinger Brücke her über die Lainzer Straße dahin, und wer sie gut kannte, der vertraute ihnen, schätzte ihre rauchfarbene Patina und den dumpfen Generalbaß ihrer Räder höher als die Qualitäten blanker neuer Modelle.

Die gleichsam artenspezifische Gemächlichkeit, die ich, der ahnungslose Romantiker, immer als etwas Idyllisches und schier Feierliches empfand und die mir in jungen Jahren nur dann heftig mißfiel, wenn an einem Punkt der Strecke ein Rendezvous stattfinden sollte, erklärte mir ein Historiker des Verkehrswesens mit einigen plausiblen technischen Details: Die schweren Züge, seit 1925 eingesetzt, hatten eine Fahrdrahtspannung von 750 Volt, konnten auf der Straße aber nur 600 bis 650 Volt herausholen. Und was die gewisse mattbräunliche Tönung des roten Anstrichs betrifft, die ein Traditionsmerkmal des guten Sechzigers war, so habe sie ihre Ursachen in rein mechanischen Vorgängen: Immer wenn der Fahrer vor einer Haltestelle die Druckluftbremse betätigte, rieben nämlich die Bremsklötze Eisenstaub von den Rädern ab, der schlug sich hauchfein auf den Wandungen nieder, begann beim nächsten Regen zu rosten und bildete mit der Zeit eine fest haftende Schicht, eine Epidermis, die Zeugnis gab von unzähligen Touren zwischen Hietzing und Mauer. So betrachtet, war sie also kein Schönheitsfehler des Sechzigers, im treuen Dienst für Hunderttausende Fahrgäste mehrerer Generationen wohlerworben, zierte sie ihn. Zumal die Waggons selbst nicht irgendwelche anonyme Reißbrettprodukte waren, sondern – diese unerwartete Pointe servierte mein Gesprächspartner mit fachmännischem Stolz – nach dem Vor-

bild der Züge für die Wien-Preßburger Bahn gebaut wurden. Und die hatte kein anderer als Otto Wagner eigenhändig entworfen.
Knapp vor der Lainzer Kirche passiert der Sechziger eine kurze Zeile alter, noch dörflicher niedriger Häuser, eines davon, Lainzer Straße Nummer 127, sieht ebenso bescheiden aus wie die benachbarten Bauten, und selbst viele Erzhietzinger, wahrhaftig wohlbewandert in allen Vierteln ihres Bezirks, wissen gar nicht, was sich hinter dem Straßentrakt verbirgt. Er ist nämlich nur Durchgang, einstiges Pförtnerquartier, äußere Abgrenzung eines Gartens hangaufwärts, wo, eigentlich schon dem Küniglberg zugehörig, eine feudale Villa steht, mit großen Fenstern und turmartigen Flanken. Sie war das Domizil des Komponisten Leo Fall, seit ihm die Sensationserfolge seiner Operetten »Der fidele Bauer« und »Die Dollarprinzessin« erlaubten, auf großem Fuß zu leben. Ein Aufstieg im Tempo eines Raketenstarts. Zu der Zeit, in der diese Geschichte eines selber im Operettenstil inszenierten glanzvollen, aber kurzen Lebensglückes beginnt, verkehrte draußen freilich noch längst nicht unser vertrauter alter Sechziger, sondern die Dampftramway. Das war im Jahr 1908.
Kein Wunder, daß Fall sein neues Heim in Hietzing »Zur Dollarprinzessin« benannte, denn für ihn und seine beiden Librettisten Alfons Maria Willner und Fritz Grünbaum wurde dieses Phantasiegeschöpf zu einer Fortuna, aus deren Füllhorn sich ein märchenhafter Tantiemensegen ergoß. Übrigens: die Fabel, die sich die Herren Willner und Grünbaum für ihren Freund Leo zur Vertonung ausgedacht hatten, spielte auf eine ganz reale Zeiterscheinung des Fin de siècle an: Dollarprinzessinnen, so nannte man damals jene Töchter amerikanischer Nabobs oder »Tycoons«, die aus New York, Boston und Philadelphia nach Europa kamen, meist in Adelsfamilien einheirateten und mit den Nuggets der Neuen Welt manchen matt gewordenen Wappenschild frisch vergoldeten. Eine von ihnen hat zumindest genealogisch ihren festen Platz in der Geschichte. Das war Miß Jenny Jerome, dem flotten Lord Randolph Churchill angetraut und bald auf ein Söhnchen aus diesem Ehebund niederblickend, den kleinen Winston, rotblond, dick, eigensinnig und noch mit einem Lutscher statt einer Zigarre im Plappermäulchen.

So viel zum historischen Hintergrund. Die Premiere von Falls »Dollarprinzessin« im Theater an der Wien am 2. November 1907 war der Auftakt zu einer langen Aufführungsserie und damit die Wendung, die es dem Komponisten ermöglichte, sich in Wien anzusiedeln und dies gleich im erträumten Stil. A la bonheur, manchmal entwickelt das Schicksal erstaunliche dramaturgische Fähigkeiten. Denn seine künstlerischen Entwicklungsjahre hatte der Olmützer Kapellmeistersohn in Deutschland verbracht. Die Stationen hießen Hamburg, Köln und Berlin, wo er, wie sein Kollege Oscar Straus, Musiknummern fürs Brettel, recte Kabarett, lieferte, aber auch mit zwei Opern nach dem Lorbeer griff. Der wuchs zu hoch droben. Na wenn schon, was hat man vom Lorbeer? Er verdorrt ja doch oder landet in der Küche, bei der Andulka.
1906 übersiedelt Fall wieder nach Österreich, zunächst freilich in ein Verlegenheitsquartier in Mondsee. Und dort, mitten in rustikaler Umgebung, schreibt er den »Fidelen Bauern«, ganz österreichisch, ganz volkstümlich und – in Mannheim uraufgeführt. Weil Direktor Wilhelm Karczag vom Theater an der Wien, gerade auf der Woge von Lehárs »Lustiger Witwe« reitend, nicht auf das Sujet anbeißen wollte. Skeptisch antwortete der vom Erfolg Verwöhnte dem übrigens in der Wattmanngasse feudal ansässigen Textautor Victor Léon: »Alles gut und schön, lieber Vicki, aber Bauern ...?? Nein! Schau, du weißt doch, im Operettentheater will das Publikum Salonmenschen sehen. Ich bitte dich, Bauern!«
Er hat nicht immer die feine Witterung für eine Bombensache, der Herr Direktor. Um ein Haar hätte er doch auch den jungen Lehár mitsamt dem Attaché Danilo und der Hanna Glawari hinauskomplimentiert, damals, vor wenigen Jahren. Vielleicht erinnert er sich daran, als er erfährt, daß man statt bloß Erdäpfel und Kohlrabi sogar frenetischen Beifall ernten kann, auch wenn man nur ein Bauer ist.
»Die Dollarprinzessin«, ebenfalls noch in Mondsee entstanden, läßt sich Karczag natürlich nicht entgehen. Mit Freuden bietet er für die Besetzung seine Koryphäen auf: Mizzi Günther, Louis Treumann, den jungen Hubert Marischka und eine vielversprechende Neuentdeckung, die Soubrette Luise Kartusch.Vom 1. Akt an merkt das Publikum: Hier spricht ein erfindungsrei-

cher Melodiker zu ihm, da klingt in der Wiener Musik ein neuer Ton auf, der Tradition verbunden und das Erbe des auf Märsche geeichten Olmützer Papas nicht verleugnend, aber dabei modern, für die Ohren von Menschen, die sich bald schon zu einem Tango oder gar einem Cakewalk aufs Parkett wagen werden. In Amerika, der Heimat der Dollarprinzessinnen, haben sie jetzt sogar einen noch verrückteren Tanz, irgendwas mit Fuchs auf englisch, richtig: Foxtrott.

Der Hausherr von der Lainzer Straße 127 kann mit seinem Los zufrieden sein. Er ist fünfunddreißig, noch lange nicht zu alt für erste große Erfolge, im Gegenteil, man freut sich ihrer mit viel mehr Verstand als in jüngeren Jahren, weil man weiß, daß sie einem nicht in den Schoß gefallen sind. »Er wirkte keineswegs musisch, eher wie ein Geschäftsmann, aber einer jener sympathischen Sorte, die auch andere leben lassen wollen.« So charakterisiert ein Freund den Komponisten, einen kleinen stämmigen Mann mit klobigem kahlem Schädel und kurz gestutztem Schnurrbart. Im Typus ähnelt er ein wenig Roda Roda. Der wär' vielleicht bös über den Vergleich, weil er sich selber was darauf zugute hält, daß man ihm auch in Zivil sofort den ehemaligen Offizier ansieht, den Schneidigen, den Rossebändiger, während der Fall in Uniform eine Witzfigur abgäbe und höchstens einen Foxl oder einen Seidenpinscher bändigt. Auch trägt der Herr Tonsetzer, soweit bekannt, niemals eine scharlachrote Weste, sonst würde ihn der Roda ja wegen Eingriffs in ein modisches Monopol belangen. Doch das Monokel fungiert sozusagen als weiterer physiognomischer gemeinsamer Nenner, o dieses Monokel, damals Attribut des feschen Kerls.

Und ein fescher Kerl ist Leo Fall gewiß, eben in jenem wienerischen Sinn, der nicht unbedingt äußere Vorzüge, sondern eine bestimmte Wesensart meint. In den elegant eingerichteten Räumen seiner Villa sieht er gern Gäste um sich, die er als gut gelaunter, gewandter Gesellschafter blendend unterhält. Seine besten Freunde sind die Brüder Emil und Arnold Golz, ihres Zeichens Lustspielautoren, in diesem Genre herrscht – wie in der Branche der Operettenlibrettisten – ein ausgeprägter Hang zur Zweisamkeit, eine Art geistiger Paarungstrieb – na ja, stimmt schon irgendwie, sie befruchten sich gegenseitig. Man denke nur an Arnold und Bach oder Kadelburg und Blumenthal. Und hier halt Golz und Golz, da bleibt es in der Familie. Mit den beiden kann Fall seiner großen Leidenschaft fröhnen: dem Skatspiel, das er in Berlin für sich entdeckt hat. Solche Partien dauern endlos, der Komponist ist von der Skatomanie besessen, und wenn seine Partner unruhig werden, weil sie befürchten, den letzten Sechziger zu versäumen, ruft er vorwurfsvoll, ein Gewölk von Zigarrenrauch über den Spieltisch blasend: »Was, jetzt wollts ihr weggehen, wo's erst richtig anfangt? Morgen früh fahrt doch auch noch die Dampftramway!«

Also wird weiter Skat »gedroschen« bis sich der Himmel über dem Küniglberg lichtet. Kaum haben sich die von der turbulenten Nachtwache etwas ramponierten und womöglich auch noch schamlos geschröpften Herren Golz verabschiedet, zieht sich Fall zurück. Ins Schlafzimmer? Keine Spur! Ans Klavier, zu seinen Parituren. Rasch läßt er eine Magnumkanne Kaffee bringen und bald darauf beginnt er, wieder völlig frisch, zu arbeiten.

»Die geschiedene Frau« ist die erste der Operetten, die er in Hietzing komponiert, nach einem Libretto von Victor Léon. Diesmal kann das Carl-Theater den Sensationserfolg für sich buchen, denn dort geht die Novität am 23. Dezember 1908 in Szene. Die Kritik bestätigt die begeisterte Aufnahme durch das Publikum: Leo Fall ist wieder ein Wurf gelungen. »Die geschiedene Frau« kann, zumindest nach damaliger Einschätzung, ebenbürtig neben der »Lustigen Witwe« bestehen. Beiden Operetten ist auch gemeinsam, daß sie eine Facette allgemeiner Entwicklung spiegeln: Im Mittelpunkt steht der Typus des unabhängigen und, wie man so schön zu sagen pflegt, »skandalumwitterten« weiblichen Wesens.

Im folgenden Jahr, 1909, wendet sich Fall einem rein wienerischen Stoff zu: der Geschichte vom Domkapellmeister Joseph Drechsler, der mit der Komposition des »Brüderlein fein« zwar nicht berühmt, aber unsterblich wurde. Der liebevoll ausgesponnene Text, eine Biedermeier-Idylle, verlangt einen singspielhaften Ton. Keine Glanznummern, keine Schlager, die dann jeder Kaffeehausgeiger nachfiedelt, sondern volksliedartige Motive. Fall findet sie. Die Musik zu dem kleinen Werk, das auch »Brüderlein fein« betitelt wird, ist wohl das Gemütvollste, Empfindungsreichste, was er je schreibt.

Draußen, vor den Fenstern der Villa Lainzer Straße 127, gehen die Jahre hin, Blätter grünen, Blätter vergilben. Der Hausherr arbeitet unermüdlich, er komponiert am Klavier, er komponiert auch auf den weiten Spaziergängen, die er mit seinen geliebten Hunden unternimmt, es gibt ja genug Auslauf, hinüber nach Alt-Hietzing, hinauf nach Ober-St.-Veit, und überall zwischen den Häusern entfaltet sich noch viel Natur.
Doch auf die Höhepunkte seiner Karriere folgt Verflachung, für den Tag Geschriebenes, an den Tag Gebundenes. Erst 1915 erreicht er wieder das Niveau, das man von ihm erwartet. »Die Kaiserin« ist eine Operette um Maria Theresia, selbstverständlich handelt sie in Schönbrunn, da kann der Komponist unmittelbar aus der Stimmung seiner Umwelt schöpfen, er braucht nur die Hunde daheimzulassen und solo auf der schattigen Promenade parallel zur Lainzer Straße in Richtung des Hietzinger Tores zu gehen, und bald ist er mitten im Park. So wird das Walzerlied »Du mein Schönbrunn«, daß er für die Hauptfigur schreibt, zu einer Liebeserklärung an seine Wahlheimat.
Er selbst bezeichnet »Die Kaiserin« als sein Lieblingswerk. Es bringt ihm auch die Begegnung mit der gefeierten Fritzi Massary, die sonst so gern als Femme fatale von der Bühne herab Temperament und Erotik versprüht. Bei der Uraufführung in Berlin singt sie die Titelrolle, am kurzen Zügel, versteht sich, ohne frivole Untertöne, denn schließlich war Maria Theresia alles andere als eine Potiphar. Aber schon bieten Fall die erprobten Librettisten Julius Brammer und Alfred Grünwald ein neues Buch an: »Türkisch« lautet die Devise, immerhin ist das Osmanische Reich im Dreibund des Weltkriegs der Dritte. Noch dazu hat Fall seit je fürs Türkische viel übrig, allerdings eher in der Form des Mokkas.
Und so entsteht aus aktuellen Zusammenhängen, die heute längst vergessen sind, »Die Rose von Stambul«, sie bleibt taufrisch, weit über die Zeit des Bündnisses hinaus. Die Premiere im Theater an der Wien leitet eine Serie von vierhundertdreiunddreißig Aufführungen ein.
Die letzten tristen Monate des Krieges verbringt Fall mit konzentrierter Arbeit an einer komischen Oper »Der goldene Vogel«. 1919, als die Komposition schon ziemlich weit gediehen ist, gelingt es Freunden, den neuen Mitdirektor der Wiener

Staatsoper für die von Fall ersehnte Aussprache samt Vorspiel zu gewinnen.
Eines Tages erscheint also Richard Strauss persönlich in der Lainzer Straße. Ein wirksames Lockmittel mag die en passant eingestreute Bemerkung gewesen sein, Herr Fall sei ein engagierter Skatspieler. Nach solchen Leuten fahndet der Meister nämlich allerorten, wohin ihn sein Wirken führt. Und er stöbert sie auf, mit dem Spürsinn seines Brackenrüden. Gerade der 13. Bezirk ist für ihn während seiner Wiener Zeit ein fündiges Terrain, dort verkehrt er auch im Haus des prominienten Kunsthändlers Gustav Nebehay, oben auf dem Himmelhof. In den Pausen zwischen den rasanten Partien erzählt er dem ehrfürchtig lauschenden Kreis von seiner neuen Oper »Die ägyptische Helena«.
Fall findet in Strauss einen ungemein ausdauernden Skatpartner seltenen Formats – doch keinen Förderer seiner beruflichen Ambitionen. Die Begegnung bringt eine Sternstunde für den Skatenthusiasten Leo Fall, der darf sich am Spieltisch mit einem Kartenmatador messen, auch schmeichelt es ihm, den verehrten großen Mann als seinen privaten Gast zu empfangen. Für Leo Fall, den Komponisten verläuft der Besuch freilich enttäuschend.
Erst mit »Madame Pompadour« überwindet er wieder alle Depressionen und Rückschläge. Bei der Vertonung dieser witzigen szenischen Anekdote aus dem französischen Rokoko erweist er sich neuerlich als Melodiker voll Esprit. Die Titelfigur ist von Anfang an auf die faszinierende Fritzi Massary zugeschnitten, die Buffo-Rolle bei der Berliner Uraufführung im März 1922 hat ihr Gatte übernommen, der skurrile Komiker Max Pallenberg, ein Lieblingsschauspieler des Theatermagiers Max Reinhardt.
Bereits gesundheitlich geschwächt und materiell durch die Inflation empfindlich geschädigt, geht Fall auf eine Südamerika-Tournee. Das Resultat ist in jeder Hinsicht gleich Null. Im Sommer 1925 erleidet der Dreiundfünfzigjährige einen schweren Anfall und muß in ein Wiener Sanatorium eingeliefert werden. Die Diagnose der Ärzte: Bauchspeicheldrüsenkrebs. Keine Rettung. Man entläßt den Ahnungslosen in seine geliebte Villa. Manchmal, wenn er schmerzfrei ist, kann er vom Bett aufste-

hen, dann sitzt er im Lehnstuhl vor dem großen Fenster, blickt hinaus in den nachsommerlichen Garten, macht Pläne, denn er will doch so bald als möglich wieder komponieren.
Aber die Musik seiner letzten Tage vermag er nicht mehr in Noten festzuhalten, er nimmt sie ungeschrieben mit. Am 16. September 1925 stirbt Leo Fall dort, wo er lebte und schuf, glücklich und traurig war, wo er Wurzeln geschlagen hatte.
Im Zauberkreis von Schönbrunn.

Hietzinger Terra incognita: Leo Falls verborgene Villa, Lainzer Straße 127.

Kurbeln in Hietzing
oder
Oberst Redls Wiederkehr

Filmgeschichtlicher Schauplatz »Schönbrunner Atelier«

Ein pensionierter General des Ersten Weltkriegs steht plötzlich vor der Aufgabe, Truppen des Jahres 1809 zu befehligen: Etwa wie ein Schachmatador, der eine Partie gegen sich selber spielt, kommandiert Seine Exzellenz in unblutigem, aber militärhistorisch stilechtem Schlachtengetümmel die Franzosen und die Österreicher zugleich!

Diese internationale und anachronistische Mischkulanz ergibt sich im Herbst 1922, als der ungarische Regisseur Michael Kertész in Wien einen der ersten großen österreichischen Stummfilme dreht: »Der junge Medardus«, nach Arthur Schnitzlers Drama über die Napoleonzeit. Kertész, der als Michael Curtiz um einiges später auch in Hollywood Furore machen sollte, liebt monumentale Stoffe und einen szenischen Aufwand, über den sogar die Amerikaner und die Italiener staunen. Daß der Miska, wie ihn seine Freunde und Mitarbeiter nennen, für das Riesenspektakel »Sodom und Gomorrha« den Laaerberg mit gigantischen Kulissenbauten in eine biblische Landschaft verwandelte, ist ja seither Teil der Filmgeschichte und der Favoritner Bezirkshistorie.

Beim »Jungen Medardus« freilich kann der großzügige Regisseur seinem Produzenten Graf Sascha Kolowrat eine Menge Geld für Dekorationen sparen helfen, denn er läßt einfach an den Originalschauplätzen drehen: in Sälen des Schlosses Schönbrunn. Paraden der französischen Grenadiere werden, den geschichtlichen Überlieferungen getreu, auf dem großen Ehrenhof »in den Kasten gebracht«. Schon zwei Jahre früher, 1920, hatte übrigens der sehr aktive und den Publikumsgeschmack richtig einschätzende alte Filmhase Hans Otto Löwenstein als erster die Dreherlaubnis beim Schloß erwirkt. »Der Herzog von Reichstadt« hieß sein Opus – also ein durchaus stilgemäßes Sujet! –, und dafür stellte die Republik sogar Karossen, Gobelins, Tafelsilber und Uniformen aus Hofbeständen zur Verfügung.

Schönbrunn kommt damals für Außenaufnahmen förmlich in Mode. 1922 geht dort eine Dumas-Verfilmung »Die Tochter des Brigadiers« in Szene, nach dem Roman »Das Fräulein von Bellegarde«. Beim Palmenhaus dirigiert Kertész selber nobel ausstaffierte Statisten samt Autos, die heute das Entzücken jedes Oldtimer-Freundes wären, für eine Sequenz der Rahmenhandlung von »Sodom und Gomorrha«. Im »Rosenkavalier«-Film des Jahres 1926 bilden die Alleen und Bosketts den Hintergrund für ein solennes Gartenfest der Marschallin, und seither gibt es in dem großen Park wohl kaum eine Partie, kaum ein Motiv, kaum einen noch so abseitigen Winkel, der nicht mindestens einmal Drehort für Filme und Fernsehaufzeichnungen gewesen wäre.

Viele dieser Streifen spielen in jener Vergangenheit, die das Kinopublikum der krisenreichen zwanziger und dreißiger Jahre als liebste Zuflucht betrachtet: in der Epoche des Wiener Kongresses und des Biedermeier. Da kommt dann natürlich der gute Kaiser Franz oft ins Bild. Für diese Rolle hatten die wechselnden Produktionen – Dezennien hindurch – stets einen Schauspieler parat, der den Herrscher würdig, porträtähnlich und wahrhaft schönbrunnerisch verkörpert: Franz Herterich vom Burgtheater. Eigentlich ein Münchner, aber in Haltung und Diktion glaubhafter habsburgischer Altösterreicher par excellence. Kaiser Franz Herterich trägt das Goldene Vlies, den weißen Uniformfrack und den grünen Generalsfederbusch schon vor der Stummfilmkamera, und noch immer, als O. W. Fischer einen sehr schönen und sehr verliebten Erzherzog Johann mimt. Der leibhaftige Kaiser Franz aber hatte als passionierter Gärtner am Rand des Parks, gegen die heutige Maxingstraße und den Hietzinger Platz zu, ein Gewächshaus errichten lassen. Später wurde der Bau verändert und beherbergte Palmen und Volièren. Nach 1918 hatte man keine rechte Verwendung mehr dafür. Da verfiel irgendein praktischer Kopf auf die Idee: Machen wir doch ein Filmatelier daraus! Fachleute kamen, sahen und fanden den Einfall realisierbar. Bald war das »Schönbrunner Atelier« in der Branche ein Begriff.

Anno 1924 bietet es den Wienern Gesprächsstoff. Reporter halten erstaunt Umschau. In der Aufnahmehalle ist das alte Österreich, das noch alle selber kannten, wieder zum Leben erwacht.

Herr Löwenstein, der vorhin erwähnte Hans Otto, verfilmt – zum erstenmal – den Spionagefall des Oberst Redl. Wer das Studio betritt, wähnt sich von einer Zeitmaschine um rund zwölf Jahre zurückkatapultiert. Da leuchten im Scheinwerferlicht Waffenröcke und Symbole der versunkenen Epoche. Die meisten Kleindarsteller und Komparsen sind echte, abgerüstete Offiziere. Sie brauchen ihre Rollen gar nicht zu spielen, sondern sich nur so zu geben, wie es der Codex der Vorkriegsära verlangte. Diese plötzliche Vergegenwärtigung der Welt von Gestern hat für viele etwas Gespenstisches, manch einer verliert das Gefühl für die Trennung von Schein und Wirklichkeit, vergißt die Kamera und all den technischen Apparat im Halbschatten. Erst wenn die Trillerpfeife schrillt, der Drehtag vorbei ist und die Garderober die Uniformen einsammeln, steht die Realität wieder draußen vor dem Tor. Zapfenstreich und Generalmarsch sind längst verklungen. Der Rest ist Filmfundus.
Während der Stummfilmzeit herrscht in diesem Studio meist Hochbetrieb. Vieles was da durchläuft, ist mittlerweile verschollen, verbrannt, einiges ruht, von Rollen zerschrammten Zelluloids sorgsam neu kopiert, in den Depots des Österreichischen Filmarchivs und wird bei Retrospektiven gezeigt. In den vergilbten Besetzungslisten stößt man auf Namen, die auch heute keineswegs vergessen sind. 1925 geht der Film »Ein Walzer von Strauß« ins Schönbrunner Atelier. Am Szenarium arbeitet ein junger Regieassistent mit, er heißt Walter Reisch. Wenige Jahre später schreibt er in Berlin die Drehbücher für die ersten deutschen Tonfilmerfolge, dann kommt er nach Wien zurück, setzt als Autor von Willi Forsts »Maskerade« einen neuen, bleibenden Höhepunkt – oder »Markstein«, wie man das so gern nennt – und hat noch eine sehr lange Phase amerikanischer Filmarbeit vor sich, ehe er 1983 als Hollywood-Veteran stirbt. Fritz Kortner spielt in dem alten Palmenhaus den Beethoven – die Musikuntermalung im Kino ist dann Sache des hoffentlich in der Klassik gut bewanderten Mannes am Klavier. Bald entsteht auch die erste Wiener Operettenverfilmung, »Der Rastelbinder«, ebenfalls noch stumm, aber immerhin mit Louis Treumann in der Hauptrolle, dem einstigen umjubelten Premieren-Danilo der »Lustigen Witwe«. Patriotischen Strömungen hingegen entspricht der Streifen »Kaiserjäger«, dafür wird fast das

gesamte Ensemble der mit ihren Karl Schönherr-Aufführungen berühmt gewordenen Innsbrucker Exl-Bühne nach Hietzing verpflichtet, gefolgt von dem Melodram »Erzherzog Johann« mit dem damals sehr beliebten Bonvivant Igo Sym. Er ist Jugoslawe, baut sich aber eine deutsche Karriere auf und gerät deshalb später ins Räderwerk der politischen Umschwünge.
Zuweilen kurbelt man in der freundlichen, noblen Aura zwischen dem Park und den Villen wilde Reißer. 1927 ist es »Die Strecke«, ein Eifersuchtsdrama aus dem Eisenbahnmilieu, mit dem Erz-Josefstädter Anton Edthofer, der dann auf der Bühne und der Leinwand als soignierter ergrauter Herr immer wieder gute Figur macht: Philharmonikertypen, Gelehrte, wohlhabende bürgerliche Väter, das ist sein Genre. Für einen Krimi »Madame Blaubart«, nach einem Roman des damals vielgelesenen Erzählers Karl Hans Strobl, kommt 1930 sogar Lil Dagover nach Wien und spielt eine attraktive Unholdin. »Stürmisch die Nacht« ist der Titel eines anderen Films aus dem selben Jahr. Es ist nur deshalb erwähnenswert, weil in der Halle und im Freigelände möglichst stilechte Hamburger Schmuggleratmosphäre heraufbeschworen wird und die Tonaufnahmen katastrophal danebengehen. Die hanseatische Räubergeschichte aus der Maxingstraße ist kaum aufführbar.
Dafür dreht ein amerikanisches Team im Schönbrunner Atelier einen technisch einwandfreien Tonfilm, um dem Publikum in den USA einen Begriff von Wiener Musik zu vermitteln, immerhin sind die Kontinente damals noch viel weiter voneinander entfernt als heute, Austria ist für den Amerikaner der Wirtschaftskrise ein exotisches Land, in dem ein gewisser Mr. Strauß Skifahrern zum Tanz aufspielt. Dementsprechend wird die Abfolge der Aufnahmen eine recht kunterbunte Mischung, sie reicht von den Philharmonikern unter Franz Schalk bis zu Heurigensängern – Klassiker und Duliöh, getreulich auf Lichtton registriert.
Der eigenartige Zauber dieses Ateliers wird sprichwörtlich. Puncto Dimensionen kann es sich gewiß nicht mit den Bauten in Sievering oder gar auf dem Rosenhügel messen, es bleibt gewissermaßen das »Kleine Haus«, aber gerade dieses immer etwas Unfertige, Improvisierte, verbunden mit dem Anhauch des Schönbrunnerischen von drüben her, gewinnt dem Studio die

spontanen Sympathien aller, die dort zu tun haben und es liebevoll »das Affenhaus« nennen. Aus eigener Erfahrung schreibt der Regisseur Hans Karl Leiter:
»Ein idyllischer Winkel! Wenn du aus der Glashalle durch die riesige eiserne Schiebetür aufs Freilichtgelände trittst, stehst du mitten drin im Park. Ein dünnes Drahtgitter nur trennt dich von der Menagerie. Und die ist auch zu etwas gut. Wir brauchen nämlich nie eine Uhr, um zu wissen, wie spät es ist. Um zehn Uhr brüllen die Raubtiere bei der Fütterung. Um ein Uhr krächzt und kreischt es in den Vogelzwingern. Und wenn die Elefanten um ihr Nachtmahl trompeten, dann ist es fünf. Dann fangen unsere Überstunden an. Gott sei Dank, hier heraußen merken wir so gar nichts von einer Film-Industrie. Erst rümpften wohl die Stars aus Berlin und Paris die Nasen über diese Zustände. Wenn ich sie aber heute draußen in der Welt treffe, dann fragt mich bestimmt ein jeder: Sagen Sie, steht das alte Schönbrunner Atelier noch, ja? Dann grüßen Sie es recht herzlich von mir. Es ist das liebste, das reizendste Studio von Europa!«
Das Jahr 1934 bringt den Auftakt publikumswirksamer Wiener Filme jenes Gepräges, das jetzt unter »Nostalgie« firmiert. In vielen Varianten des Erfolgsrezeptes findet dieses Genre während der Zwischenkriegszeit nicht nur bei uns, sondern auch in den östlichen Nachfolgestaaten der Donaumonarchie enormen Anklang. Allesamt natürlich Musikfilme. Im Hietzinger Atelier beginnt damals die Arbeit an der »Frühjahrsparade« mit dem Gütesiegel Ernst Marischka und Robert Stolz. Es ist die erste Version des seither mehrmals neu aufbereiteten haltbaren Stoffes. Den jungen Marschkomponisten Wilhelm August Jurek gibt der Mädchenschwarm Wolf Albach-Retty, als Kaiser Franz Joseph regiert Paul Hörbiger über die damalige »Erfolgsgeneration« Hans Moser, Fritz Imhoff, Anny Rosar und all die anderen, die einem zwei Kinostunden verschönen, weil's das halt nur einmal gab ...
Und in nächster Nähe laufen Außenaufnahmen für »Endstation«, eine gemütvolle, volksstückhafte Kolportagegeschichte um einen verliebten Straßenbahnkondukteur. Hörbiger wechselt dafür aus dem kaiserlichen Waffenrock der Frühjahrsparaden in die Schaffnermontur, seine Partnerin ist die junge Maria Andergast in der Rolle eines braven, armen Mädels mit Zügen

einer Ödön v. Horváth-Figur. Die Regie läßt auch eine Garnitur des Neunundfünfzigers mitspielen, der verkehrt in den dreißiger Jahren zwischen dem Neuen Markt und Lainz. Eine Sequenz des Films zeigt die Fahrt stadtwärts: am Hietzinger Platz und dem Kaiserstöckel vorbei, die alte Hietzinger Brücke kommt ins Bild. Da ist nichts gestellt, alles wird so gedreht, wie es tagtäglich auf der Strecke abläuft. Heute sind solche authentischen Szenen für uns ein kleines Zeitdokument.

Der nächste Musikfilm Made in Schoenbrunn trägt den Titel »Unsterbliche Melodien« und handelt von Johann Strauß, allerdings nicht im Rosenrot und Himmelblau einer schieberischen Dreivierteltakt-Seligkeit. Die Drehbuchautoren heben aus der Biographie des Meisters jene Phase heraus, als ihn seine rasch scheiternde zweite Ehe in eine tiefe psychische Krise stürzte. Diese durch und durch problematische Künsternatur spielt Alfred Jerger, es blieb die einzige Filmrolle des gefeierten Opernsängers. Wenn er, sehr porträtähnlich, mit verdüsterter Miene ruhelos durch ein dämmriges Zimmer schreitet, flüstern empfindsame Dienstmädeln – die gibt's dermalen noch! –, gebannt auf die Leinwand blickend: »Jetzt wird er seelisch!«

Noch einmal kommt Robert Stolz als Komponist ins Hietzinger Studio, gleichsam Arm in Arm mit seinem idealen Interpreten, dem nun dauernd filmenden, stets so heiteren, aber insgeheim von neurotischen Existenzsorgen zerquälten Leo Slezak. »Das Frauenparadies« heißt dieser Streifen, er entsteht 1936. Ein Jahr später begegnet die Anzengruber-Verfilmung »Der Pfarrer von Kirchfeld« schon während der Aufnahmen großem Publikumsinteresse. Regie führt Jakob Fleck, ein gewiegter Filmpionier, der alles vom Instinkt her anpackt, von keines Gedankens Blässe angekränkelt. Sein Hauptdarsteller ist der junge Hans Jaray, den Wienern ans Herz gewachsen, seit er in Fritz Kreislers Singspiel »Sisi« als Franzl-Franz Joseph brillierte. Noch ein anderer vom Nachwuchs ist dabei, ein intensives Talent, mit dem Herr Fleck die Rolle des Wurzelsepp besetzt: Karl Paryla. Auch den Sisi-Stoff selber verfilmt man im Schönbrunner Atelier und über den kurzen Weg mit Aufnahmen im Park, im Schloß und in Althietzinger Gassen – allerdings nicht nach Kreisler, denn mittlerweile erfolgte schon der Anschluß. Und die Prinzessin in diesem Zelluloidmärchen ist noch nicht das halberwachsene herzogliche Dirndl, sondern ein kleiner Wildfang. Traudl Stark spielt diese Sisi, Traudl, das liebe, oft und oft beschäftigte Film-Herzbinkerl der dreißiger Jahre. Als sie größer wird, kein Kinderstar mehr ist, verliert die Filmerei für alle Beteiligten ihren Reiz. Schließlich heiratet die Traudl nach Amerika. Es ist ein freundlicher, sauber und mit Einfühlung ins Zeitkolorit gemachter Streifen. Traudls Partner: der Burgtheater-Hofrat Otto Tressler im Schmuck seines Silberhaares, gutmütig polternd, noch immer mit leichten Anklängen an sein heimatliches Stuttgarterisch, Paul Hörbiger halb wienerisch, halb wittelsbacherisch zur Zither singend, und die aparte Hietzinger Slawin Gerda Maurus, die schon bei Fritz Lang in Berlin das Fach der »interessanten Frau« spielte.

Hubert Marischka dreht hier noch einige Komödien, aber die meisten Produktionen der Kriegszeit schluckt der gewaltige Rosenhügel, oder sie werden, je nach Kapazität und Planung, auf verschiedene Studios aufgeteilt. Das Schönbrunner Atelier partizipiert im Zeichen Raimunds – mit Szenen für das melodramatische Lebensbild »Brüderlein fein« – und Nestroys – für die Filmversion des »Zerrissenen«, unter dem Titel »Die goldene Fessel«. Dann kommen ein paar »Überläufer« – das ist in diesem Fall nichts Militärisches, sondern so nennt man in der Branche Filme, die bei Kriegsende noch nicht fertiggestellt sind. Der berühmteste davon ist Willi Forsts »Wiener Mädeln«. Im Freigelände werden 1944 die Sequenzen des historischen Wettspiels der Kapelle Carl Michael Ziehrers und einer amerikanischen Monsterband gedreht. Mit einem Aufwand an Personal, Material und temperamentvoller Unbeschwertheit, daß Mitwirkende und von außen zuschauende Parkspaziergänger fast vergessen, wieviel es bald schlagen würde, nämlich die Stunde Null. Ab 1945 ist das Hietzinger Studio neben dem Atelier Sievering das einzige frei verfügbare, denn der Rosenhügel steht damals unter sowjetischer Verwaltung. Allerdings fällt in der Folgezeit in der Halle des alten Gewächshauses nicht mehr ganz so oft die Klappe wie ehedem. Bis 1957/58 das Fernsehen einzieht und hier in der Maxingstraße Heimatrecht hat, bis der Bau des ORF-Zentrums Küniglberg steht. Seither hält die Filmklasse der Hochschule für Musik und darstellende Kunst im Atelier praktischen Unterricht.

Von außen eine glatte gelbe Mauer im Schatten der Baumkronen, schräg gegenüber die Villa, in der die »Fledermaus« entstand und das elegante Domizil, in dem Siegfried Trebitsch die Theaterstücke George Bernard Shaws ins Deutsche übersetzte. Drinnen in der Halle die ungreifbar gewordenen Erinnerungen an viele Schicksale, wirkliche und erfundene, die hier seit fast siebzig Jahren abrollten, vor der Kamera und wohl auch außerhalb der ausgeleuchteten Szenerien. Ein paar Jahrzehnte Wiener Filmgeschichte, in Hietzing gekurbelt. Als Walter Reisch schon lange und sehr erfolgreich in Amerika tätig war, hatte er die Schönbrunner Zeiten trotzdem nicht vergessen, und vielleicht kam er ihrem Geheimnis nahe, wenn er sagte: »Der Zauber dieser alten Gassen und der Geruch eines Frühlingsnachmittags – das bringt eben die guten Ideen ...«

Kino-Reminiszenzen: das Filmatelier Schönbrunn.

*Napoleonische Elegie: „Der junge Medardus“,
nach Schnitzler (1922)*

Kakanisches Drama: „Oberst Redl“, erstmals verfilmt (1924)

Aufwendiges vor der Stunde Null: „Wiener Mädeln“ im Freigelände (1944)

Hietzinger Prominenten-Register

WER SIE WAREN, WO SIE WOHNTEN

Aus Rücksicht auf die Privatsphäre gegenwärtig in Hietzing wohnender Prominenz werden hier nur bereits historische Persönlichkeiten angeführt; allerdings waren viele von ihnen noch unsere Zeitgenossen und sind uns als solche in lebhafter Erinnerung. (Straßennamen nach dem aktuellen Stand.)

APPEL Wilhelm v. (1875–1911), Schriftsteller
Der Lyriker und Spiritus rector der satirischen Zeitschrift »DIE MUSKETE« ist die Hauptfigur des Kapitels »Mein Vater war ein alter General«. *(Schweizertalstraße 16)*

BAHR Hermann (1863–1934), Schriftsteller
Von ihm, seinem Haus, das Josef Maria Olbrich erbaute, und den Figuren seines in Ober-St.-Veit handelnden Romanes »O Mensch« wird in dem Kapitel »Jetzt kommt der Wind über den Berg« erzählt. *(Winzerstraße 22)*

BARTSCH Rudolf Hans (1873–1952), Schriftsteller
Mit Belletristik ein Erfolgsautor par excellence; wegen seines Schubert-Romans »Schwammerl« wurde er als der eigentliche Urheber des »Dreimäderlhaus«-Kitsches heftig kritisiert. Vor der Rückkehr in seine Heimat Graz war er Offizier im Kriegsarchivdienst. *(Feldmühlgasse 3)*

BECK Max Vladimir Freiherr v. (1854–1943), Staatsmann
Der Lehrer und Ratgeber des Thronfolgers Erzherzog Franz Ferdinand trat als österreichischer Ministerpräsident 1907 für das allgemeine Wahlrecht ein. *(Lainzer Straße 47)*

BENK Johannes (1844–1914), Bildhauer
Von ihm stammen zahlreiche Skulpturen im Verband der Ringstraßenarchitektur sowie Grabmonumente auf Wiener Friedhöfen, wie z. B. für Johann Strauß. *(Kirchmeyergasse 5)*

BERG Alban (1885–1935), Komponist
Der Meister aus der großen Trias der »Wiener Schule« verbrachte fast sein ganzes Leben in Hietzing; so gingen nicht nur seine eigenen Wohnstätten, sondern auch das von Josef Hoffmann

erbaute Haus Primavesi, Gloriettegasse 14–16, wo am 30. März 1930 die Feier zur Wiener Erstaufführung der Oper »Wozzeck« stattfand, in die europäische Musikgeschichte ein. (Jugendjahre: *Hietzinger Hauptstraße 6,* von 1911 bis zu seinem Tod: *Trauttmansdorffgasse 27)*

BIEBER Friedrich Julius (1873–1924), Afrikaforscher
Machte sich seinen Namen auf dem Gebiet der Ethnologie durch Expeditionen in die Regionen Äthiopiens. Sammlung aus dem Nachlaß im Museum für Völkerkunde, Erinnerungsstücke im Bezirksmuseum Hietzing. *(Auhofstraße 144/144a)*

BITTERLICH Hans (1860–1949), Bildhauer
Seine bekanntesten Werke in Wien sind die Denkmäler der Kaiserin Elisabeth und Johann Gutenbergs. *(Auhofstraße 239)*

BORSODY Eduard v. (1898–1970) Drehbuchautor und Filmregisseur
Ein Multitalent seines Berufes, als solches von den Stummfilmtagen bis in die Zeit des Fernsehens aktiv. Zeichnete für Filmerfolge wie z. B. »Sensationsprozeß Casilla«, »Wen die Götter lieben« und die mit Paula Wessely und Attila Hörbiger besetzte Wiener Familienkomödie »Ich und meine Frau«. *(Stuweckengasse 16)*

BREUER Siegfried (1906–1954), Schauspieler
Er war jener profilierte Charakterdarsteller, den der Film auf den Typus des eleganten, aber besonders gefährlichen Verführers und Versuchers festlegte, wie etwa in Gustav Ucickys meisterhafter Verfilmung der Puschkin-Novelle »Der Postmeister«. *(Schweizertalstraße 19)*

BUKOVICS Emmerich v. (1844–1905), Theaterdirektor
Ursprünglich Offizier, dann Journalist und Schriftsteller, wurde er erster Direktor des 1889 mit Anzengrubers Volksstück »Der Fleck auf der Ehr« eröffneten Deutschen Volkstheaters. *(Veitlissengasse 7)*

BUTTLAR-MOSCON Alfred (1898–1972), Schriftsteller
Der zweisprachig erzogene Altösterreicher trat als Lyriker und als Übersetzer südslawischer Literatur hervor. *(Lainzer Straße 29)*

CARL Carl, recte Bernbrunn (1781–1854), Theaterdirektor
Berüchtigt wegen seiner Schandverträge, verdankte er große Erfolge in erster Linie Nestroys Fähigkeiten als Bühnenautor und Schauspieler im Theater an der Wien. Gründete und leitete später das Carltheater in der Leopoldstadt. *(Gloriettegasse 29,* »Lumpazi-Villa«, zerstört)

COUDENHOVE-KALERGI Richard Graf (1894–1972), Politiker und Schriftsteller
Historische Studien und erlebte Geschichte seit 1918 führten ihn zu der Überzeugung, daß die politischen Probleme des Kontinents nur durch die Bildung eines europäischen Staatenbundes gelöst werden könnten. Er wurde zum aktivsten Verfechter des Paneuropa-Gedankens, mit dem man ihn noch über seinen Tod hinaus identifiziert. *(Maxingstraße 18)*

DERMOTA Anton (1910–1989), Sänger
Ein Name als Symbol für Jahrzehnte der Wiener Operngeschichte! Es fällt schwer, dieses reiche Künstlerleben mit wenigen Schlagworten nachzuzeichnen. So vieles kommt in Erinnerung: das einmalige »Wiener Mozart-Ensemble« der Nachkriegszeit, die Abende, an denen er den Tamino und seine berühmteste Partie, den Don Ottavio in »Don Giovanni«, sang. Sein Florestan bei der Wiedereröffnung der Staatsoper 1955, der überaus poetische Interpret von Richard-Strauss-Liedern, der Oratoriensänger und der Palestrina in Pfitzners musikalischer Legende. Einundsiebzigjährig trat er von der Opernbühne ab. Doch er hinterließ eine leuchtende Spur. *(Hagenberggasse 36)*

DOPLER Karl (1891–1967), Maler
Wie sein Kollege und »Fast-Nachbar« Oswald Roux (s. d.) vor allem als Tiermaler tätig. Viele seiner Motive fand er im Schönbrunner Tiergarten, also in nächster Nähe seines Ateliers. *(Auhofstraße 1)*

EISENBACH Heinrich (1870–1923), Kabarettist
Mit der Gabe des spezifisch jüdischen Witzes ausgestattet, war er als Leiter und Hauptakteur des »Budapester Orpheums« in seinem Genre so beliebt wie später Karl Farkas. *(Trauttmansdorffgasse 11)*

ELSSLER Fanny (1810–1884), Tänzerin
Nach Abschluß ihrer grandiosen künstlerischen Laufbahn verbrachte sie als »Terpsichore en retraite« mehrere Jahrzehnte lang die Sommer in einem Hietzinger Haus, den Überlieferungen nach in eben jener Gasse, die nun ihren Namen trägt, unter der heutigen Adresse: *(Elßlergasse 26)*

EMO E. W. (1898–1975), Filmregisseur
Er hatte die leichte Hand und den soliden professionellen Zugriff für die Gattung des heiteren Wiener Filmes, in der er sich besonders dann bewährte, wenn sein Star Hans Moser hieß. *(Hietzinger Hauptstraße 46)*

FALL Leo (1873–1925), Komponist
Über ihn, sein Schaffen und seine Hietzinger Umwelt ist in dem Kapitel »Skat mit Richard Strauss« nachzulesen. *(Lainzer Straße 127)*

FINKE Edmund (1888–1968), Schriftsteller
In den dreißiger Jahren die männliche wienerische Spielart der Agatha Christie. Auch die meisten seiner Kriminalromane handeln in England. Spannend und niveauvoll geschrieben, sind sie mehr als bloße Stilkopien. *(Vinzenz-Heß-Gasse 15)*

FOERSTER Josef Bohuslav (1859–1951), Komponist
Gustav Mahler bewog den gebürtigen Tschechen, mit ihm aus Hamburg nach Wien zu kommen. Hier widmete sich Foerster vorwiegend der Lehrtätigkeit. Ab 1919 lebte er wieder in Prag. Sein religiös beeinflußtes Oeuvre umfaßt außer mehreren Symphonien zahlreiche Chorwerke. *(Wattmanngasse 25)*

FREIBERG Gottfried (1908–1962), Musiker
Als Solohornist der Philharmoniker war er der würdige Nachfolger seines Onkels Karl Stiegler (s. d.), dessen schulbildende Tätigkeit er fortsetzte. Einige Zeit fungierte er auch als Vorstand des Orchesters. *(Lainzer Straße 14a)*

GOLDMARK Carl (1830–1915), Komponist
Aus seinem einst vielbeachteten Opernschaffen bleibt »Die Königin von Saba« in Erinnerung; die Ouvertüre zu diesem Werk zählt zum Repertoire der Opernkonzerte des Rundfunks.
Einige Jahre hatte er sein Domizil im alten Unter-St.-Veit.

GRONER Richard (1853–1931), Schriftsteller
Sein lexikalisch angelegtes Buch »Wien wie es war« ergab in späteren Neuauflagen und erweiterten Neubearbeitungen als Groner-Wien-Lexikon ein umfangreiches Nachschlagewerk. *(Lainzer Straße 38)*

HAEUSSERMAN Ernst (1916–1984), Regisseur und Theaterdirektor
Aus der Schule Max Reinhardts hervorgegangen, entwickelte er sich in Schlüsselpositionen zu einem »Multifunktionär der Kultur«: Direktor des Theaters in der Josefstadt und des Burgtheaters, Direktoriumsmitglied der Salzburger Festspiele, wo er Jahre hindurch jeweils den »Jedermann« inszenierte – immer bewies er das Talent, künstlerischen Auftrag und Management souverän zu verbinden. *(Auhofstraße 84)*

HARTA Felix Albrecht (1884–1967), Maler
Ein Schicksal zwischen Salzburg, Wien und der Emigration, und künstlerisches Schaffen, das ihn in die Nähe seines Zeitgenossen Anton Faistauer rückt, kennzeichnen das Erscheinungsbild dieses Mannes der Übergangszeiten. *(Hietzinger Hauptstraße 88)*

HARTL Karl (1899–1978), Filmregisseur
Der typische robuste »alte Filmhase«, der sich als Praktiker zu einem As der deutschen und österreichischen Ateliers entwickelte. Mit Albers und Rühmann drehte er »Der Mann, der Sherlock Holmes war«. Oft wiederaufgeführt und von bleibendem Wert ist auch seine Verfilmung von Ernst Lothars österreichischer Familien-Saga »Der Engel mit der Posaune«. *(Wenzgasse 24)*

HAUSER Carry (1895–1985), Maler und Schriftsteller
Einer der Altmeister der zeitgenössischen Kunst in Österreich, der in seinem Schaffen von der Epoche des Expressionismus geprägt wurde. *(Tirolergasse 1)*

HELLER Hermann Vinzenz (1866–1949), Bildhauer und Arzt
In der Wiener Tradition der zeichnenden und modellierenden Mediziner stehend, lehrte er an der Kunstgewerbeschule und an der Akademie der bildenden Künste das Fach Anatomie. Unter seinen Hörern: Egon Schiele und Oskar Kokoschka. *(Hansi-Niese-Weg 1)*

HÖRBIGER Paul (1894–1981), Schauspieler
Es erübrigt sich wohl, ihn hier zu charakterisieren. Er war und bleibt ein Publikumsliebling mehrerer Generationen. Sein schlichtes Motto: »Ich hab' für euch gespielt.« *(Münichreiterstraße 10)*

HOHENFELS Stella (1854–1920), Schauspielerin
Auf der Bühne des Burgtheaters verkörperte sie Idealgestalten von zeitloser Mädchenhaftigkeit. Feudale Szenerie ihres Privatlebens war die Villa, die sie gemeinsam mit ihrem Mann, dem späteren Burgtheaterdirektor Alfred Frh. v. Berger bewohnte. *(Hietzinger Hauptstraße 31)*

HOLUB Emil (1847–1902), Arzt und Afrikaforscher
Er unternahm abenteuerliche Südafrika-Expeditionen mit reicher ethnologischer Ausbeute. Als Inhaber hoher Auszeichnungen, aber von der Malaria und auch finanziellen Malaisen geplagt, verbrachte er seine letzte Lebenszeit in Hietzing. Sammlung im Bezirksmuseum. Seine wissenschaftlichen Leistungen sind Thema eines Fernsehfilms.
Adresse unbekannt.

HÜGEL Carl Alexander Freiherr v. (1796–1870), Hortologe und Diplomat
Der gebürtige Regensburger, den Forschungsreisen bis nach Neuseeland führten, widmete sich mit respektablen Ergebnissen seiner Hauptpassion, der Gartengestaltung. Als österreichischer Gesandter vertrat er seine Wahlheimat in Italien und Belgien. *(Hietzinger Hauptstraße 40)*

HUNA Ludwig (1872–1945), Schriftsteller
Machte sich seinen Namen mit auflagenstarken historischen Romanen, in denen er Gestalten und Geschehnisse der italienischen Renaissance heraufbeschwor. Hunas Borgia-Trilogie war einst in Bürgerkreisen fast »Pflichtlektüre«. *(Auhofstraße 54)*

JANSKY Herbert (1898–1981), Orientalist
In seinem Fach hervorragend, linguistischer Systematiker ebenso wie berufener Vermittler islamischen Geistesgutes, war er sein ganzes Leben lang, gleichsam in Personalunion, begeisterter Hietzinger und Steirer. Oder umgekehrt. *(Fichtnergasse 18)*

KALENBERG Josef (1886–1962), Sänger
Mit seinem sehr großen Repertoire an Heldentenorpartien, seiner künstlerischen Zuverlässigkeit und unbedingten Treue zum Haus war er viele Jahre hindurch eine der Stützen der Wiener Staatsoper. *(Fichtnergasse 10)*

KIEPURA Jan (1902–1966), Sänger
Während seiner Wiener Zeit bewohnte der Tenorissimus aus Polen gemeinsam mit seiner Gattin, der Sängerin Marta Eggerth, ein damals aufsehenerregend modernes Haus. Josef Frank hatte es streng funktionalistisch gebaut. *(Wenzgasse 12)*

KLIMT Gustav (1862–1918), Maler
Sein Hietzinger Atelier ist Thema des Kapitels »Zwei Paletten in St. Veit«. *(Feldmühlgasse 11)*

KOCH Ludwig (1866–1934), Maler
Soldaten und Pferde waren seine Lieblingsmotive; in der Gruppe der späten österreichischen Militärmalerei figurierte er als Kavallerist und Impressionist. *(Lainzer Straße 91)*

KÖNIG Otto (1838–1920), Bildhauer
Einer der vielbeschäftigten Plastiker der Ringstraßen-Ära. Er kam vom Porzellan her und wurde besonders wegen seiner lebensvollen Porträtbüsten sehr geschätzt. *(Neue-Welt-Gasse 11)*

KONSTANTIN Leopoldine (1886–1965), Schauspielerin
Aus Max Reinhardts Berliner Ensemble hervorgegangen, repräsentierte sie später in vielen Filmen den Stil der gereiften Salondamen und soignierten Mütter. *(Trauttmansdorffgasse 29)*

KRAMER Leopold (1869–1942) Schauspieler
Der Typus des vollkommenen Kavaliers, ein Herr im Frack, ideal für das Fach des Bonvivants geeignet. Zudem versiert in den praktischen Dingen des gesamten Bühnenbetriebs; den Beweis dafür erbrachte er als Direktor des Deutschen Theaters in Prag und als Oberregisseur des Deutschen Volkstheaters in Wien. Verheiratet mit der Schauspielerin Josefine Kramer-Glöckner (1874–1954). *(Winzerstraße 2)*

LANGER Anton (1824–1872), Schriftsteller
Ihn, den Freund und Trabanten Nestroys, machte das Genre des lokalbezogenen humoristischen Schrifttums populär. Was

er für die Bühne schrieb, ist längst vergessen, aber seine Herausgeberschaft der »Hans-Jörgel-Briefe«, eines volkstümlichen satirischen Wochenblattes, sichert ihm einen Platz in der Wiener Lokalgeschichte.
Sein Landhaus befand sich im alten Speising.

LANGER Johann (1861–1950), Komponist
Zeitgenossen schildern ihn als ein sympathisches romantisches Künstlernaturell, vor allem dem Lied zugetan und volksbildnerisch sowie als Musikpädagoge sehr emsig. *(Stuweckengasse 4)*

LÉON Victor (1858–1940), Operettenlibrettist
Zusammen mit seinem »Compagnon« Leo Stein durfte er sich über die phänomenalen Kassenrapporte der »Lustigen Witwe« freuen. Aus seiner florierenden Produktion stammten auch die Texte zu »Wiener Blut«, »Opernball«, »Der Rastelbinder« und »Der fidele Bauer«. *(Wattmanngasse 22)*

LORBER Ferdinand (1883–1957), Graphiker
An Meistern wie William Unger und Alfred Cossmann geschult, und selbst Lehrer an der berühmten Wiener Graphischen Lehr- und Versuchsanstalt, widmete er sich mit großem Erfolg dem Spezialfach des Briefmarkenstichs. *(Fichtnergasse 7)*

MALFATTI Johann, Edler von Montereggio (1775–1859), Arzt und Kunstfreund
Offizielles Ansehen und persönliches Format wiesen dem aus der Toscana (Lucca) stammenden Wahlösterreicher eine führende Rolle in der Wiener Gesellschaft seiner Epoche zu. Als Förderer des jungen Frédéric Chopin tritt er im Kapitel »Soiree im Malfatti-Schlössel« auf. *(Malfatti-Villa auf dem Küniglberg, bei der Gloriettegasse,* abgetragen)

MARISCHKA Hubert (1882–1959), Schauspieler und Sänger.
Wiens gefeierter Operettentenor der Silbernen Ära war ein Universaltalent seines Berufskreises: auch Regisseur, Direktor des Theaters an der Wien und des Raimundtheaters und schließlich, gemeinsam mit seinem Bruder Ernst, in der heimischen Filmproduktion prominent. *(Hietzinger Hauptstraße 42b)*

MATSCH Franz v. (1861–1942), Maler
Zu Beginn seines vielseitigen Schaffens im »Dreibund«, mit den

Brüdern Gustav und Ernst Klimt, fand er in der Burgtheater-Heroine Charlotte Wolter (s. d.) eine Protektorin, die ihm in ihrer Villa ein Atelier zur Verfügung stellte (1889–1897). *(Trauttmansdorffgasse 33)*

MELL Max (1882–1971), Schriftsteller
Sein literarisches Lebenswerk war Ausdruck eines christlich-humanistischen Weltbildes und der Bindung an österreichische Traditionen. Davon zeugen seine heute bekanntesten Bühnendichtungen »Das Apostelspiel« und »Das Nachfolge-Christi-Spiel«. *(Auhofstraße 244)*

MIETHKE Hugo Othmar (1834–1918), Galeriebesitzer und Verleger
Seine »Galerie Miethke« im Palais Nákó, I., Dorotheergasse 11 (nun »Kunstpalais« des Dorotheums) war für Kunstfreunde ganz Mitteleuropas ein Begriff. Er verhalf vielen österreichischen Malern der Ära Hans Makarts und Rudolf v. Alts zu Geltung. *(Schweizertalstraße 26)*

MOSER Hans (1880–1964), Schauspieler
Er verkörperte ein Wienertum so selbstverständlich, daß man meint, man müßte seinesgleichen auf Schritt und Tritt begegnen, das es aber – in dieser Facettierung des Wesens – außer ihm nicht gab und vor ihm wohl nie gegeben hatte. Er wirkte so alltäglich wie kleine Münze. Und war doch ein Solitär. *(Auhofstraße 76–78)*

NABL Franz (1883–1974), Schriftsteller
Zeitgenossenschaft verband ihn mit Hofmannsthal und Bahr ebenso wie mit Peter Handke, der den Autor der großen psychologischen Romane »Ödhof« und »Das Grab des Lebendigen« (»Die Ortliebschen Frauen«) als Nestor der österreichischen Literatur verehrte. Hietzing war eine der Stationen auf Nabls langer Lebenswanderung. »Die Fenster der Vorderseite blickten auf Villengärten in der Nähe des Schönbrunner Parks, die der Rückseite über die Dächer niederer Bauten hinweg gegen den Lainzer Tiergarten.« *(Braunschweiggasse 5)*

NEBEHAY Gustav (1881–1935), Kunstexperte
Als Antiquar und Kunsthändler internationalen Ranges und

schöpferischer Bibliophiler war er eine markante Erscheinung im Kulturleben Wiens, Berlins und Leipzigs. *(Himmelhofallee 163)*

NIEDERFÜHR Hans (1902–1987), Theatermann
Er bewährte sich jahrzehntelang in künstlerisch-organisatorischen Funktionen, zunächst als Mitarbeiter Max Reinhardts bei den Salzburger Festspielen und später als Direktor des Reinhardt-Seminars. *(Schloß Schönbrunn)*

NIESE Hansi (1875–1934), Schauspielerin
Einst die Christine in Schnitzlers »Liebelei«, wurde sie als Darstellerin von Volkstypen auf der Bühne und im frühen Tonfilm ein Wiener Publikumsliebling. *(Speisinger Straße 28, Pacassistraße 62)*

PABST Georg Wilhelm (1885–1967), Filmregisseur
In »Die freudlose Gasse« (1925) lancierte er die junge Greta Garbo, mit Werner Krauss drehte er das damals sensationelle Psychodrama »Geheimnisse einer Seele« (1926) und das Lebensbild »Paracelsus« (1943), in »Der letzte Akt« (1955) zeichnete er das Berliner Finale von 1945 nach. Während wechselvoller Zeiten behauptete er sich durch filmische Meisterleistungen im Spitzenfeld. Und blieb sich selber immer treu. *(Hietzinger Hauptstraße 34b)*

PETZOLD Alfons (1882–1923), Schriftsteller
Der Autor des erschütternden autobiographischen Buches »Das rauhe Leben« und vieler durch tiefe Menschlichkeit berührender Gedichte verbrachte als Kind armer Leute Jugendjahre im noch dörflichen Ober-St.-Veit: »Das Haus ragte aus einem großen alten Garten heraus und schaute auf drei Seiten mit seinen glücklichen Fenstern in den Wald, der wie ein grundgütiger, uralter Großvater mich oft in seine heiligen Arme nahm.«

POPPER-LYNKEUS Josef (1838–1922), Sozialreformer
Seinem Fach nach Physiker – er entdeckte das Phänomen der elektrischen Kraftübertragung – wandte er sich sozial-politischen Fragen zu und entwickelte seine Theorie der »allgemeinen Nährpflicht«, die besagt, daß jedem Menschen ein Existenzminimum gesichert werden müsse. *(Woltergasse 2a)*

PRACK Rudolf (1902–1981), Schauspieler
Im Verlauf einer langen, erfolgreichen Filmkarriere reifte er vom jungen Liebhaber zum Charakterdarsteller. Seine Stärke war stets die Ausstrahlung sympathischen offenen Wesens. *(Stoesslgasse 15)*

PROFES Anton (1896–1976), Komponist
Die sogenannte »U-Musik« war seine Domäne, in der heimatlichen Klangwelt kannte er sich gut aus; deshalb erteilte man ihm auch gern Kompositionsaufträge für Wiener Filme. *(Elßlergasse 29)*

ROHS Martha (1909–1963), Sängerin
Cherubino in »Figaros Hochzeit« und Octavian im »Rosenkavalier« zählten zu den Glanzpartien dieser Künstlerin aus einem heute schon legendären Staatsopern-Ensemble. Privat kannte ihr Publikum sie als Gattin des Burgschauspielers Fred Liewehr. *(Titlgasse 15)*

ROTHAUG Alexander (1870–1946), Maler
Ein Kraftmensch mit der Palette. Motive aus der klassischen Mythologie verwandelten sich auf seinen Gemälden zu Szenen von barbarischer Wildheit, der dramatische Moment galt ihm viel. Und noch mehr der Effekt. *(Hietzinger Hauptstraße 114)*

ROUX Oswald (1880–1961), Maler
Tierdarstellungen machten ihn bekannt. Er bewohnte eine der schönsten Hietzinger Villen von großem architektonischem Charme, die wie ein kleines Sanssouci aussah. *(Auhofstraße 21,* abgetragen und durch einen Neubau ersetzt)

SALIGER Rudolf (1873–1958), Techniker
Als Protagonist des Eisenbetonbaus galt er als internationale Koryphäe. Mehrere Jahre war er auch Bauberater der Gemeinde Wien. *(Larochegasse 29)*
SAUER Emil v. (1862–1942) Musiker
Ihm, einem der berühmtesten deutschen Pianisten der ersten Dezennien dieses Jahrhunderts, ging immer der Ruf eines Großsiegelbewahrers des Virtuosentums im Stil Franz Liszts voraus, dessen Schüler er war. So wurde er zum lebenden Denkmal der Musikgeschichte. *(Hietzinger Hauptstraße 42)*

SCHALK Franz (1863–1931), Dirigent
Als Jünger Anton Bruckners und Wagnerianer empfing er die musikalischen Weihen. Ob am Pult der Hofoper oder auf dem Konzertpodium, immer sah dieser bedeutende Geist und musikalische Ethiker seine Aufgabe im unbedingten Dienst am Werk. Da er auch ein empfindlicher »Schwieriger« war, konnten während seines Staatsoperndirektorats, gemeinsam mit Richard Strauss (1919–1924), Probleme nicht ausbleiben. Bis 1929 führte er das Haus am Ring allein. Das war die oft zitierte »Ära Schalk«. *(Hügelgasse 10)*

SCHEU-RIESZ Helene (1880–1970), Schriftstellerin
Aktiv in der frühen Frauenbewegung und zugleich der Welt der Märchen zugewandt – als Autorin und Herausgeberin von Jugendbüchern sowie als Volksbildnerin –, erfüllte sie eine selbstgewählte Pflicht. Ihr Hietzinger Domizil ging in die Architekturgeschichte ein: Adolf Loos erbaute das »Haus Scheu« im Jahr 1912. *(Larochegasse 3)*

SCHIELE Egon (1890–1918), Maler
Seine so bedeutsame Hietzinger Zeit ist Thema des Kapitels »Zwei Paletten in St. Veit«. *(Hietzinger Hauptstraße 101, Wattmanngasse 6)*

SCHLIESSMANN Hans (1852–1920), Graphiker
Zum bildenden Künstler geboren und dabei farbenblind! Also lebte sich sein Talent in der Schwarzweißzeichnung aus; seine Blätter sind »Gustostückerln« der Wiener Sittenschilderung. Aber ihn selber machte sein Gebrechen zum Pessimisten und scharfzüngigen Spötter. *(Maxingstraße 4)*

SCHMID Julius (1854–1935), Maler
Er pflegte die Traditionen des Genrebildes in historischem Milieu, vor allem aus dem Biedermeier. Sein bekanntestes, oft reproduziertes Gemälde: »Ein Schubertabend in einem Wiener Bürgerhaus«. *(Maxingstraße 18)*

SCHMIDT Franz (1874–1939), Komponist
Der letzte große österreichische Symphoniker, »dieser Urmusiker und meisterliche Kontrapunktist« (so der deutsche Musikschriftsteller Hans Schnoor), war Hietzing mit Unterbrechun-

gen seit der Zeit verbunden, als er unter Gustav Mahlers Leitung an einem der Cellistenpulte der Philharmoniker saß. *(Auhofstraße 146* (1905–1909), *Elßlergasse 26* (1912–1922)

SCHÖNBERG Arnold (1874–1951), Komponist
Schmidts künstlerischer Antipode machte sich während des Ersten Weltkriegs für einige Zeit in der Nähe seines Schülers und Freundes Alban Berg ansässig. *(Gloriettegasse 43)*

SCHRATT Katharina (1853–1940), Schauspielerin
Ihre Lebenssphäre ist in dem Kapitel »Gloriettegasse 9« beschrieben.

SCHÜTZ Franz (1892–1962), Musiker
Zu seiner Zeit Wiens bekanntester Organist, zählte er zum Freundeskreis Franz Schmidts und erwarb sich große Verdienste als berufener Sachwalter und Interpret von dessen Orgelkompositionen. *(Schweizertalstraße 18)*

SEDLAK Fritz (1895–1977), Musiker
Das Sedlak-Winkler-Quartett, das der langjährige Konzertmeister der Philharmoniker schon als junger Geiger gründete, ist noch immer als eines der besten Wiener Kammermusikensembles in Erinnerung. *(Gloriettegasse 5)*

SLATIN-PASCHA Sir Rudolph (1857–1932)
Träger hoher britischer und ägyptischer Würden, Zeitzeuge des »Dschihad«, des islamischen Heiligen Krieges im Sudan, jahrelang Gefangener des Mahdi. Der in Ober-St.-Veit geborene und aufgewachsene Kaufmannssohn, dem victorianischen Empire und der Habsburgermonarchie gleicherweise verbunden, erlebte ein peer gyntsches Schicksal wie kein anderer Altösterreicher. *(Schweizertalstraße 16)*

SPUNDA Franz (1890–1963), Schriftsteller
Unter dem Einfluß Theodor Däublers entdeckte er die Welt des Mittelmeeres. Das klassische Griechenland war das Zentralthema dieses Autors, der sich mit seiner Prosa und Lyrik zu einem »Magischen Idealismus: bekannte. *(Matrasgasse 22)*

SRBIK Heinrich v. (1878–1951) Historiker
Die Zeiten, in denen er lebte, haben diesem bedeutenden Geschichtsschreiber tragische Konflikte nicht erspart. Über alles

politisch Zwiespältige seiner Person hinweg bleiben Srbiks Werke über Metternich und Wallenstein Meisterleistungen der europäischen Historiographie. *(Schloß Schönbrunn)*

STEIGERWALD Peter (1898–1961), Filmregisseur
Musische Wesensart, Einfühlung und Wirklichkeitssinn befähigten ihn für das Gebiet des Kultur- und Dokumentarfilms. In der Frühzeit des ORF-Fernsehens drehte er auch einige Folgen der beliebten Reihe »Der Fenstergucker«. *(Auhofstraße 21,* abgetragen und durch Neubau ersetzt)

STEIN Otto (1902–1982), Schriftsteller und Dramaturg
Viele Jahre hindurch für die Sparten Hörspiel und Literatur zuständig, nahm er wesentlichen Einfluß auf die kulturelle Programmgestaltung des Österreichischen Rundfunks. *(St.-Veit-Gasse 76)*

STEMOLAK Karl (1875–1954), Bildhauer
Für ihn stand das Abbild des Menschen im Mittelpunkt, die menschliche Gestalt in monumentaler Ruhe. Dies bewies er mit seinen Bauplastiken am Wiener Justizpalast. *(Auhofstraße 142)*

STIEGLER Karl (1876–1932), Musiker
Der Solohornist der Philharmoniker entfaltete auch rege Tätigkeit als Instrumentallehrer. So schuf er eine in der gesamten Musikwelt berühmte Wiener Hornschule. *(Einsiedeleigasse 11)*

STOESSL Otto (1875–1936), Schriftsteller
Ihn würdigt die Nachwelt – spät aber doch – als einen realistischen Erzähler und Romancier hohen Ranges. Stoessls Sphäre, die seinem Schaffen das Gepräge verlieh, war die Bürgerlichkeit, das österreichische Bildungsbürgertum. Er stellte klare Diagnosen, am deutlichsten in seinem Meisterwerk »Das Haus Erath«, einer Wiener Familiengeschichte von Hochblüte und Verfall. *(Matrasgasse 12)*

STRAUSS Johann (1825–1899), Komponist
Was sich in seinem Tusculum, dem »Fledermaus«-Haus zutrug, ist im Kapitel »Johann Strauß wird adoptiert« geschildert. *(Maxingstraße 18)*

TAUBER Richard (1892–1948), Sänger
Der Operettenstar der Silbernen Ära, außerdem auch ein Mo-

zart-Interpret von hohen Graden, lebte kurze Zeit in Jan Kiepuras Domizil, das somit zu einem »Haus der Tenöre« wurde. *(Wenzgasse 12)*

TAUTENHAYN Josef (1868–1962), Bildhauer
Er beherrschte die »kleine Form« der Medaille und der Bildnisplakette. Bis ins hohe Alter sehr agil, wußte er als Zeitzeuge der Jahrhundertwende lebendig von seinen Begegnungen mit Hugo Wolf zu erzählen. *(Fichtnergasse 18)*

THALER Karl v. (1836–1916), Schriftsteller und Sammler
Die Tatsache, daß er Publizist aus dem Kreis der »Neuen Freien Presse« und Lyriker war, ergibt heute nur mehr einen Nebensatz. Doch als prominenter Sammler und Kenner historischer Waffen verdient er das Interesse der Fachwelt. *(Ghelengasse 3)*

TREBITSCH Siegfried (1868–1956), Schriftsteller
Ein Mann der Welt von Gestern. Er bleibt als Wegbereiter George Bernard Shaws in Erinnerung, dessen dramatische Werke er übersetzte und den deutschsprachigen Bühnen erschloß. *(Maxingstraße 20)*

UNGER William (1837–1932), Graphiker
Aus Hannover zugewandert – daher sein anglisierter Vorname! – leistete er als Künstler und Lehrer Wesentliches auf dem Gebiet der Radierung, die während seiner langen Lebenszeit in Deutschland und Österreich neue Bedeutung gewann. *(Schweizertalstraße 26)*

WEIXLGÄRTNER Arpad (1872–1961), Kunsthistoriker
Sein Hauptwerk ist die großangelegte Monographie des österreichischen Realisten August v. Pettenkofen. Im Kustodendienst bis zum Direktor des Kunsthistorischen Museums aufgestiegen, schrieb der Gelehrte auch über Gold- und Silberschmiedekunst, Albrecht Dürer, Matthias Grünewald, Rudolf v. Alt und seinen eigenen Zeitgenossen Carl Sterrer. *(Schloß Schönbrunn)*

WIESENTHAL Grete (1885–1970), Tänzerin
Von der Hietzinger Idylle ihrer Kindheit im Kreis einer originellen Familie handelt das Kapitel »Vier Mädeln aus der Lainzerstraße«. *(Beckgasse 4)*

WOLLEK Carl (1863–1936), Bildhauer
Einer der wenigen Künstler, die Großplastiken des Jugendstils schufen; der lyrisch gestimmte Zauberflöte-Brunnen im 4. Bezirk und das humorvoll gestaltete Kneipp-Denkmal im Stadtpark tragen seine Signatur, *(Hackingerhof 2,* (bei der Erweiterung des St.-Josef-Krankenhauses abgetragen)

WOLTER Charlotte (1834–1897), Schauspielerin
Die legendäre große Tragödin des alten Burgtheaters war eine Meisterin des hohen Pathos, die von ihrem Publikum vergöttert und von Hans Makart in einer ihrer Glanzrollen porträtiert wurde. *(Trauttmansdorffgasse 33,* ihre Villa wurde 1903 demoliert und durch einen neuen Villenbau ersetzt.)

WUNDERER Alexander (1877–1955), Musiker
Der Solo-Oboist und zeitweilige Vorstand der Philharmoniker machte sich auch durch seine Reformen für die Ausbildung von Instrumentalisten einen Namen im Wiener Musikleben. Mit Franz Schmidt eng befreundet, komponierte er selbst eine heitere Kantate »Die Jahreszeiten«, ganz lokalbezogen als pastorales Tonbild eines Jahreslaufs in Ober-St.-Veit. *(Ghelengasse 3)*

ZSOLNAY Paul v. (1895–1961), Verleger
Sein Unternehmen – in den zwanziger Jahren gegründet, um zunächst die Bücher Franz Werfels zu publizieren – errang sich rasch einen wichtigen Platz in der Mittlerfunktion für europäische Literatur unseres Jahrhunderts. Gemeinsam mit seiner Mutter Andy v. Zsolnay (1876–1956) führte der Verleger in seiner Hietzinger Villa einen geistigen Salon für Autoren und andere Prominenz. Solche Zusammenkünfte schildert Elias Canetti in seinem autobiographischen Buch »Das Augenspiel«. *(Maxingstraße 22,* (1945 zerstört, nun dort ein Wohnhausbau)